优秀运动员训练行为控制理论研究

Youxiu Yundongyuan Xunlian Xingwei Kongzhi Lilun Yanjiu

叶毅 著

前言

随着竞技体育的快速发展,科学化训练的要求越来越高。不但体育学各学科的理论被广泛应用于竞技体育,而且非体育学科的理论也在对竞技体育起着巨大的推动作用。组织行为学是研究一定组织中人的心理和行为规律的科学,属于管理心理学的范畴,它是提高管理者对本组织及其成员行为的预测、引导和控制能力,以便有效实现组织目标的科学。在体育竞赛集训队,教练员对训练过程的控制不仅仅是要制定好训练计划,更重要的是要通过对运动员行为的有效控制,实现预期的训练目标。组织行为学研究的就是人的行为规律和人的心理活动规律,而这正是教练员在训练控制中需要把握的。目前,运用运动人体科学控制运动员生理、生化过程的应用已相当普遍,而运用社会科学理论控制运动员行为的应用则相对滞后,因此,加强运用社会科学理论对竞技体育领域运动员训练行为控制理论的研究具有重要的现实意义。

体操属于我国备战奥运会的优势项目。中国体操队多年来取得的优异成绩是有目共睹的,把中国体操队作为研究优秀运动员训练行为控制理论的代表具有典型性和代表性。该项目成果不但能全面总结中国体操几十年来取得成功的社会学经验,而且对我国其他体育项目的发展也具有明显的参考价值。因此,笔者运用组织行为学理论,以中国体操队为个案,从社会学的角度对教练员控制运动员训练行为的过程进行了系统研究，从组织行为学角度初步构建了在运动员个体、集训队群体和运动队文化三个层面控制优秀运动员训练行为的理论框架，并得到了一些符合实际的结论。

受水平所限，书中仍会有不完善之处，恳请读者给予指正。

叶毅

2010 年 8 月 25 日

目录

导 论

自1922年原苏联格里涅夫斯基编著《科学的训练原理》一书开始,经过50多年的发展,到20世纪70年代后期,在马特维也夫及原民主德国哈雷博士等专家、学者研究的基础上,形成了运动训练学的理论体系。几十年来,运动训练学在竞技体育的发展和竞技水平的提高上,发挥了积极的作用。运动训练学作为一门研究和反映运动训练一般规律的新型体育交叉学科,是在研究和总结运动训练丰富实践经验的基础上,广泛运用相关学科的基本原理与方法建立起来的,训练控制是其中一个重要的组成部分。

训练控制是借助于自然科学的生理学、生物力学、解剖学、运动医学、运动生物化学和社会科学的社会学、心理学、控制论、预测学等知识来实现对训练过程的控制的。运动训练是以人为中心的控制过程,运动员是训练控制的对象和核心,是训练控制中最积极、最活跃的因素①。运动员训练积极性的发挥,取决于其自主能动性和外在控制力量的双重作用。田麦久博士认为,再好的训练制度、训练方法、训练条件都不会自动地发挥作用,只有通过人的掌握和运用才能产生相应的效果②。实践证明,现代运动训练控制只有以人为本,重视运动员的行为控制,才能充分调动、发挥运动员的积极性和创造性,实现对整个训练过程的控制。

当前,运用生理学、生物化学、生物力学等自然科学对训练过程的研究,包括训练控制的研究已比较成熟,如运用生理、生化知

① 体育院校通用教材编写小组.运动训练学[M].北京:人民体育出版社,2000.
② 田麦久.关于运动训练过程的系统研究[J].体育科学,1988(2).

识,为田径、游泳、自行车等体能性项目的负荷控制提供血乳酸、血色素等量化数据;运用生理解剖知识,提供运动员生长发育过程中不同年龄段身体素质发展的敏感期;运用生理学知识检测运动员的骨龄,对运动员未来身高进行预测,等等。与此相比,运用社会科学对训练过程进行研究则显得比较薄弱。尽管田麦久博士 1988 年就指出,竞技体育的组织与发展受着社会学因素强有力的激励与制约,而且随着竞技运动水平的提高,这种激励和制约更加强烈、更加深刻①,但到目前为止,从社会科学的角度,对竞技运动领域的系统性研究仍然十分匮乏。

组织行为学作为研究一定组织中人的心理和行为规律的社会科学,对提高管理者预测、引导和控制成员行为过程,发挥着很大的作用。从训练实践看,现代运动训练过程的控制愈加重视科学有效的决策、运动员的团结拼搏精神、运动队的凝聚力、调节运动员的心理压力和对运动员进行有效的激励,等等。从历次大赛中我们都可以发现,比赛的胜负往往就取决于这些社会学因素上取得的优势。前中共中央政治局常委、全国政协主席、中国乒乓球协会名誉主席李瑞环,在中国乒乓球队囊括第 46 届世乒赛全部 7 项冠军后指出,中国乒乓球队长盛不衰、多次取得优异成绩的关键,在于他们所具有的不怕苦不怕累,勤学苦练的精神;敢打敢拼,不畏强手,节骨眼上不松劲,关键时刻过得硬的拼搏精神;不忘集体,讲究奉献,把国家、民族的荣誉作为训练和比赛动力的团队精神,等等。中国老女排五连冠的取得,靠的也是强大的群体凝聚力和那股敢打敢拼、不畏强手的精神力量。前国家体育总局体操管理中心主任张健 2000 年指出,中国体操队之所以能取得奥运会的优异成绩,主要在于中国体操队领导层正确的战略决策、准确的临场指挥、群体的强大凝聚力、运动员过硬的训练作风和对运动员严格的思想管理。所有这些都说明,组织行为学在高水平运动员的训练控制中已得到了广泛的体现,与此相比,运用

① 田麦久. 关于运动训练过程的系统研究[J]. 体育科学,1988(2).

组织行为学对高水平运动员训练控制的理论研究，则远落后于训练实践，需要加大力度。

在理论研究上，许多对运动训练领域中社会学因素的研究，虽然不同程度地涉及了运动员的训练行为、激励、个性特征，运动队的凝聚力、人际关系等方面的问题，但都还缺乏系统性，特别是缺乏从组织行为学角度对运动员训练行为控制的系统研究。

从研究对象看，大多数研究只是针对一般概念上的运动员群体，缺乏对于高水平运动员（主要是指代表国家参加国际大赛，并取得优异运动成绩的运动员群体）的研究。如中国体操队、中国乒乓球队、中国射击队等高水平运动队在对运动员训练行为的控制方面都做得非常出色，具有很高的研究价值。

运动员训练行为的控制贯穿于训练的全过程，其中，大赛前运动员训练行为的控制则尤为重要，运用的方法与手段更应注重实战性。另外，大赛（主要是指世界三大比赛，包括奥运会、世界锦标赛和世界杯总决赛）前的训练，特别是奥运会前的训练涉及面之广、影响力之强，运动员压力之大、对比赛获胜的欲望之高，各国之重视，都是其他任何比赛无法比拟的。同时，由大赛带来的对巨额奖金的预期，很大程度上影响着运动员赛前训练行为的表现。所有这些，都使得大赛前运动员训练行为控制的难度加大，因此，就更突出了大赛前运动员训练行为控制研究的重要性。

总体来看，本书是首次运用组织行为学理论对高水平运动员大赛前训练行为控制问题，从压力和激励个体层面，从团队、人际关系、凝聚力、角色、群体规范、领导与决策群体层面及从运动队文化层面进行系统论述的专著。这一成果不仅初步形成了从组织行为学角度研究运动训练控制的理论框架，探索了高水平运动员大赛前训练行为控制的规律和方法，促进了运动训练学理论与方法体系的完善，而且在实践中，也从运动员个体、集训队群体和运动队文化三个层面，为教练员控制大赛前运动员的训练行为提供了系统的方法和指导。可供高水平运动队的管理层和教练员在对运动员进行训练时参考。

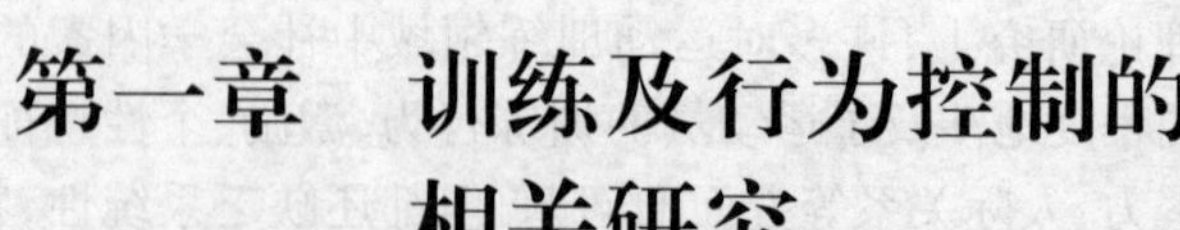

第一章　训练及行为控制的相关研究

一、运动训练控制研究综述

有关运动训练控制的研究涉及运动员技术战术控制、心理训练控制、训练过程控制（训练计划、训练目标、训练负荷等）和训练行为控制等多个方面。

（一）关于运动员技术战术控制的研究

对运动员技术战术控制问题的研究，多以运动生物力学分析（吴延禧，1995；卢德明，1996；邵斌，1995）、建立技术模型（周茗，1994；李玉宁，1999）和成套动作技术的优化（杨毅，1988；肖红征，1997）为主，常见于体操、乒乓球、跳水、举重等技术性较强的项目。这类研究主要是从纯运动学、动力学、模糊数学的角度对动作技术的时间、空间、时空特征及训练程序、系统控制等进行描述，提供定量的技术参数，研究并不涉及训练环境变化对运动员技术的影响作用。我们知道，处在不同的环境之中，运动员的技术表现是会发生变化的。基于这一点，袁野从主客场环境的变化研究了足球运动员的技术训练问题①；闫建辉根据比赛的要求对自行车运动员的出发、途中和冲刺技术训练，结合战术要求进行了研究②；董建国等在山西体操队备战八运会的赛前训练中，把技

① 袁野．对主客场制比赛期训练控制探讨［J］．辽宁体育科技，1995（2）．

② 闫建辉．在研究比赛活动基础上对自行车运动员训练过程的合理控制［J］．山西体育科技，1997（1）．

术分析(录像解析)与运动员的情绪变化结合在一起,研究了大赛前体操运动员技术与情绪变化的关系,并指出通过控制运动员的情绪可以达到有效控制运动员技术训练的目的[①]。与前面的研究相比,这三项研究考虑到了训练环境对运动员技术训练的影响,也指出运动员的技术训练控制应考虑环境变化,至于环境如何影响运动员的行为使技术发生变化的内在关系,研究中没有提及,因此,还有必要进行深入的探讨。

(二)关于运动员心理训练控制的研究

对运动员心理训练控制的研究,有埃里克·佩帕通过反馈技术对运动员进行思维表象、放松和注意力的训练[②];刘文浩(1992)对运动技能形成过程的控制;孙海平(1994)对运动员大赛前心理状态的调节控制;陈建民、韩宏义对比赛中运动员心理状态的调控[③④];张振民等通过脑电图评定运动员注意的动态变化研究[⑤]等,都是从纯运动心理学的角度进行的,研究中虽然也涉及运动员的负荷问题和心理压力问题,但并不是主要的。与这些研究相比,刘淑慧(2000)对中国射击队备战2000年悉尼奥运会运动员心理训练控制过程的研究则有很大不同,该研究着重从心理训练控制的方法和手段上,针对不同个性的运动员进行了深入探讨,并指出运动员的心理训练应与运动员的思想教育工作相结合,明确运动员所想,才能对运动员的心理实施有效的控制。这一研究成果间接地提示我们,心理训练的有效性取决于教练员对运动员思想的准确把握,而运动员的思想变化会直接通过行为影响到心

① 董建国,等.山西体操男队备战八运会科研攻关与训练回顾[J].山西体育科技,1998(3).

② 埃里克·佩帕.应用皮电导反馈技术进行最佳操作训练[J].山西体育科技,1992(4).

③ 陈建民.篮球决胜阶段最后30秒运动员的心理状态及训练控制方法初探[J].福建体育学院学报,1989(4).

④ 韩宏义.对篮球运动员罚球时心理状态的浅析[J].浙江体育科学,1997(4).

⑤ 张振民,等.通过脑电图评定运动员注意的动态变化研究[G].国家体委体育科学研究所论文集,1996.

理训练的实施。虽然，这一研究间接指出了运动员的行为变化会对心理训练的实施产生影响，要对运动员实施有效的心理训练，需要了解运动员的思想变化，但并没有将它作为研究的主题。

（三）关于训练过程的控制研究

训练过程的控制研究，主要涉及训练计划、训练周期、训练目标、训练负荷、训练课实施等方面的问题。具有代表性的有：田麦久关于运动训练过程的系统研究，该研究主要针对训练过程的训练计划、训练目标、训练课实施和训练负荷问题进行了系统研究①；谢亚龙运用随机理论与方法研究了训练计划执行中的变更问题，指出训练计划应随训练情况的变化进行相应的变更②；谷文英从系统的角度阐明了训练过程是一项系统的控制过程③；马特维耶夫(1989)在关于训练过程中的能力动态研究和训练控制发展研究中，论述了训练过程控制受训练环境、运动员能力的影响，并指出要用哲学的观点看待训练过程控制问题。此外，谢亚龙又专门就训练计划的变更问题进行专题研究④；王大安从女运动员"青春突变期"谈了训练计划的控制⑤；陈宝祥(1991)从模式训练的理论与实践研究了训练周期的控制；罗普磷(1997)依据认识学习理论、运动训练学和系统工程学理论对训练过程的管理进行了探讨。另外，周明从系统观点出发，对全面把握游泳训练环节进行了探讨，研究认为训练控制过程应强化非智力因素在运动员多年训练中的作用，应从整体上把握动态训练的全过程⑥；郑伟从系统训练结合反馈控制的角度对训练过程控制的研究指出，训练过

---

① 田麦久. 关于运动训练过程的系统研究[J]. 体育科学，1988(2).

② 谢亚龙. 训练过程的随机控制理论与方法[J]. 体育科学，1988(2).

③ 谷文英. 谈谈运动员系统的可观察性和可控制性[J]. 湖南体育科学，1988(1).

④ 谢亚龙. 训练计划的变更研究[J]. 中国体育科技，1989(12)

⑤ 王大安. 女运动员"青春突变期"的训练计划控制[J]. 山东体育科技，1990(1).

⑥ 周明. 对全面把握游泳训练环节的探讨[J]. 体育科学，1997(4).

程控制应重视高水平运动员的思想品德、智力水平、心理能力、身体素质和技术战术 6 个方面的问题,还要重视运动员的文化素质、理论知识和专业能力的提高[①]。从以上对训练过程控制的研究看,已从开始的纯训练学问题的专题性研究向训练学与社会学因素相结合的交叉研究发展,研究也逐渐对训练过程控制中运动员的思想品德管理问题引起重视。尽管如此,依然没有发现有从组织行为学的角度对训练过程控制的研究。虽然有学者通过训练目标控制的研究,尝试对训练过程实施有效的控制(蔡芳川,1997;孙庆祝,2000),但研究的着眼点只是把预定目标作为参照,从反馈调节和模型建立的角度就如何实现目标对训练过程控制进行研究,没有把如何设置目标作为研究的重点。即使在田麦久(1988)对训练目标设置的研究中,也仅仅是指出了训练目标可以有效激发运动训练活动主体的责任感和进取精神,对如何设置训练目标,才能最大限度地发挥对运动员的激励作用并没有进一步提及。

涉及训练过程控制原理的研究,以对马特维耶夫提出的训练周期理论的研究较为普遍,除此之外,还有胡亦海借助于信息化、系统化和计算机程序化对模拟训练法、程序训练法和 CAD 训练法进行了研究[②];蔡芳川(1997)强调了反馈控制原理在训练过程控制中的作用;王守恒根据系统理论的原理与方法,提出了教学训练过程控制的动态观点、系统观点、信息观点和控制观点,力求从思维方式上改变运动训练过程控制的方式[③]。类似于这样的研究还有不少,但始终没有涉及行为学原理在训练过程控制中的研究。直到 2000 年,在新版《运动训练学》教材中,才从训练过程控

① 郑伟. 正确实施技术训练计划的科学基础和合理控制[C]. 第五届全国体育科学大会论文集,1997.

② 胡亦海. 现代运动训练过程控制方法主要特点多元性比较[C]. 第五届全国体育科学大会论文集,1997.

③ 王守恒. 篮球教学训练过程控制原理初探[J]. 北京体育师范学院学报,1998(1).

制的角度第一次把行为和动机激励作为训练过程控制原理之一,被正式提出,并说明在训练过程控制中,不激发出运动员的自觉性、积极性和主动性的内因动机,是无法完成训练任务的。另外,还把运动员思想作风作为竞技能力的重要组成部分,指出训练负荷的控制与运动员训练作风的培养密切相关,算是第一次从行为学的角度谈到了运动员的激励问题。关于通过激励控制运动员训练行为的问题,虽已开始引起研究领域的重视,但对于激励手段与方法操作层面的研究仍然没有见到,现有的研究也仅限于激励的意义及原则范围的探讨。

涉及训练负荷的控制大多都是借助于生理、生化指标进行的量化研究,具体有毛学寿等通过运动尿蛋白的指标变化对训练负荷进行控制①;顾磊等运用脉搏对训练进行调控②;战风雷等运用血浆、睾酮、皮质醇和促性腺激素的变化对训练负荷进行控制③。另外,国外学者B.科恩用个体无氧阈方法对中长跑运动员训练进行了控制研究④;国内的缪素坤等也借助无氧阈测定对运动员有氧能力的训练负荷控制进行了研究⑤;马永齐、李天铎等用血乳酸监控了运动员的训练负荷⑥⑦。以上这些早期对训练负荷的控制研究基本上是以纯生理、生化指标监测为主,但随着研究的深入,一些对训练负荷的相关研究已把运动员的营养问题、运动员的心理问题和竞技状态的形成等因素与训练负荷控制相结合进行研

---

① 毛学寿,等.运动性尿蛋白的实践[J].山东体育科技,1991(4).

② 顾磊,等.运用脉搏对训练进行调控[J].游泳季刊,1993(1).

③ 战风雷,等.高原训练时游泳运动员血浆睾酮皮质醇和促性腺激素的影响[J].体育科研,1993(1).

④ B.科因.用个体无氧阈方法对中长跑运动训练的控制[J].山西体育科技,1992(3).

⑤ 缪素坤.不同无氧阈测定方法比较及在中长跑训练中的应用[J].体育科学,1992(5).

⑥ 马永齐,等.用血乳酸监控游泳训练的方法[J].游泳季刊,1993(4).

⑦ 李天铎,等.血乳酸与竞技能力——对女子自行车选手的实验与研究[J].中国体育教练员,1995(3).

究,如董建国、刘丹等利用生理生化、医务监督及教育学指标对运动员大赛前的负荷控制进行了研究,其中特别强调了要突出心理负荷的控制,重视个体间的差异,且从压力调节的角度指出运动员情绪、思想的变化对负荷控制的影响①②。由此可见,关于负荷问题的控制已从开始的以生理、生化指标控制为主,向生理生化结合运动员的特点、心理变化的综合控制的方向发展,尽管如此,依然没有发现在负荷控制中从行为科学的角度,把运动员的行为控制与负荷控制相结合的研究。

(四)关于训练控制中运动员行为控制的研究

对训练控制中运动员行为控制的研究,在国内仅发现两篇相关的文献,其中冉青泉运用组织控制论对高校高水平运动员的训练目标、运动队管理、运动队的系统训练问题进行了研究,并指出如何通过训练目标管理、运动队管理来约束运动员行为以实现运动员系统训练是高校高水平运动员训练问题的关键③;董建国等就体操运动员赛前行为控制程序问题,通过生理生化指标、皮电阻测试、心理调节等手段对运动员赛前进行综合评定,并借助于心理训练,根据运动员的个体特点控制运动员情绪,实现赛前行为控制④。在以 BEHAVIOUR CONTROLLING 为关键词对加拿大 SILVER PLUTTER, SPORT DISCUS(1975—1999)检索后,也仅发现有1篇相关的研究,但研究的着眼点与前两篇关于行为控制的研究一样,并不是以组织行为学为基础进行的研究,所涉及的行为控制的手段和方法,仍旧以生理生化指标、心理训练为主,虽然

① 董建国.体操运动员赛前负荷安排的监控研究与应用[C].第五届全国体育科学大会论文集,1997.

② 刘丹,等.中国女足训练控制研究——备战奥运会科研攻关与训练探索[G].国家体科所论文集,1998.

③ 冉青泉.试论高校发展高水平运动队的组织管理与控制[J].安徽体育科技,1996(3).

④ 董建国,等.体操运动员赛前行为控制程序的应用研究[C].第五届全国体育科学大会论文集,1997.

融入了运动员的思想教育工作，但与本研究所涉及的用组织行为学因素，如激励、压力、团队、人际关系、凝聚力等来控制运动员训练行为的概念完全不同。

二、组织行为学研究综述

国家科委科技政策局1988年在《软科学研究方法》一书中，把组织行为学研究内容划分为四个层次，即个体心理和行为研究、群体心理和行为研究、组织心理和行为研究、组织的外部环境研究①。关于组织的外部环境，并不属于本课题的研究范围，因此，下面只对个体、群体和组织三个层次的研究现状进行讨论。

（一）对激励、压力等个体控制要素的研究

1. 关于激励问题的研究

对激励问题进行研究，自然离不开人的需要和动机。涉及需要和动机方面的研究很多，但最具代表性的研究当属马斯洛的需要层次论。针对需要层次理论的研究，马斯洛认为，动机是由人的需要引起，已经满足的需要不能激励人的动机，只有未满足的需要才能影响人的行为。他还认为，管理人员不能只从员工的物质需要着眼，只在工资、奖金上下工夫，而更应该注意员工的精神需要，努力协调人际关系，关心和尊重每一个人，只有这样才能使人的主观能动性充分发挥出来②。恩格斯说："就个别人说，他的行动的一切动力，都一定要通过他的头脑，一定要转变为他的愿望的动机，才能使他行动起来"。关于需要是如何调动人积极性的问题，泰罗认为，"需要是积极性的源泉，生物的共同特征是它的积极性。这种积极性能保证维持与周围世界最有意义的联系。……需要是生物的一种状态。……人的需要是在吸收人类文化教育过程中形成的。……需要是人的思想活动的基本动

① 马永齐，等. 用血乳酸监控游泳训练的方法[J]. 游泳季刊，1993(1).

② 边一民，等. 组织行为学[M]. 杭州：浙江大学出版社，1998.

力。"①。朱敏认为,对与工作本身有关的报酬、同事人际关系、领导、晋升、福利等满意程度越高,就越能激发人努力工作②。当然,在人生心理发展周期的不同阶段,激励的侧重点也不相同,刘纯认为,对处于青春后期和成年早期年龄阶段的群体进行激励时,应着重在精神激励方面下工夫,特别是要关心他们的个人发展,帮助他们建立起合乎自己理想的个人发展计划,引导他们产生新的人际关系认同感,形成新的社会价值观③。这一研究成果,对处于同一年龄阶段的高水平运动员激励研究具有很好的指导。另外,激励既需要面向个体,同时也需要面向群体,做到激励的点面结合。葛其荣认为,点面结合可以收到很好的激励效果,"点"激励就是要对有选择的个体通过教育、说服和引导,使之成为群体整体健康向上的推动力;"面"激励是通过群体的活动来实现对个体的激励④。

在竞技运动领域,国外学者对激励的研究有 Polster. h. 通过消除紧张、恐惧情绪实现对运动员行为激励的研究⑤; Howlett. B. A 从动机激励的角度研究了运动员的行为变化问题,并指出在激励作用下,运动员的行为会向有利于成功的指向变化⑥。Seevers. S. M 从赛前动员的角度制订了一个长期激励计划,主要是围绕目标控制来实现的⑦;Kamal. F 调查了奖励对儿童竞技游泳成绩的影响,结果表明,外部奖励对儿童运动成绩的提高影响显著,但随

---

① 泰罗. 科学管理原则[M]. 北京:中国社会科学出版社,1984.

② 朱敏. 我国国企与国外企业家工作满意度及激励因素比较[J]. 工业企业管理,2002(4).

③ 刘纯. 激励理论及其在企业中的运用[J]. 经济理论与经济管理,2001(1).

④ 葛其荣. 群体激励的点面组合理论及其应用[J]. 管理工程学报,2001(1).

⑤ Polster h. Emotionen in sportlichen handeln[J]. Theor prax Koerperkult[德]. 1988. -37(5).

⑥ Howlett B A. Incentive motivation[J]. coach clin[英]. 1990. -29(4).

⑦ Seevers S M. A long term motivation proguam for hihg school athletic reams[J]. coach clin[英]1989. -(5)

着年龄的增大,内部激励将逐渐取代外部激励①。这一研究提示我们,外部奖励对年龄较小的运动员来讲较成人运动员会起到更大的激励作用,也就是说对于成人运动员应加大内部激励的比重,淡化外部奖励的作用。这一结论将为本课题中高水平运动员的激励研究提供参考。国内学者张冠宇等探讨了对运动员激励的艺术与效果的关系问题②;林建彬(1991)研究了从个性心理特征的角度对运动员进行激励的问题,结果指出,有效的激励需要根据运动员的个性心理特征来进行;张力为等研究了运动动机的培养和激发问题③;苏洁(1994)研究了在力量训练中如何调节情绪来激发运动员训练积极性的问题;姚家新从心理学的角度研究了目标设置的激励作用④。这些研究提示我们,对运动员的激励要考虑到运动员的动机和需要,要结合运动员的个性心理特征、情绪变化,通过目标控制等手段来实现,这些研究成果可以为高水平运动员的激励研究提供依据。

综合来看,虽然国内外关于运动员的激励研究比较多,但对高水平运动员的激励研究则较为少见,因此,关于高水平运动员的激励问题有必要深入探索。

2.关于心理压力问题的研究

就心理压力的问题,刘钧演等对当前青年面临的压力及其应对方式的研究指出,当前中国青年面临的压力主要有价值冲突压力、选择压力、就业和工作压力、学业压力、婚恋压力以及人际关系压力等,对此,青年人应采取适当的应对方式来平衡自己的心

---

① Kamal F. Extrinsic and Intrinsic Motivation in Age Group Swimmers[J]. Int Phy Edu(DE)-1989.-26(2)

② 张冠宇,等.运动员心理与激励艺术略论[J].江苏体育与科学,1990(4).

③ 张力为,等.运动动机的培养和激发[J].山西体育科技,1993(1).

④ 姚家新.体育运动中激励的工具之一——目标设置的研究及应用[J].体育科学,1997(2).

态，以应对面临的各种压力[①]；鲍远通等对高校贫困生的精神压力进行了剖析，指出做好思想工作和提供勤工俭学途径对减轻高校贫困生的精神压力具有重要意义[②]；程葵对大学生的心理压力状况进行了分析，结果指出部分大学生心理压力过大的主要原因来自于家庭、教育和就业等方面，通过创造良好的学习、生活环境，转变教育观念及有效的心理放松方法可以有效解决大学生的心理压力大的问题[③]。此外还有张勇(2002)对教师工作压力管理策略、陈兴国(2000)对高中生释放考试压力等问题的研究。这些研究指出，青年(包括大学生)的心理压力是普遍存在的，从现有研究看，处理压力的手段多以减压为主，虽然个别研究谈到通过思想教育使青年转变观念去适应压力的问题，但没有发现关于提高人的抗压能力的研究。

在竞技运动领域，孙海平等在对大赛前训练控制的研究中，涉及当运动员的动作出现不轻巧、心理压力感沉重、精神集中程度差、对外环境的变化过于敏感等现象时，教练员应及时通过变更计划和采取应对措施，减轻运动员的心理压力[④]。运动员心理压力的调控，就是要使运动员保持稳定的心理状态，在比赛中表现出应有的技术、战术水平。董建国等在“张峰等男子体操运动员大赛前行为控制研究”一文中指出，体操运动员的赛前行为控制能提高运动员比赛时的心理稳定性，有利于技术水平的发挥，要使运动员保持稳定的心理状态，应加强心理训练，减轻运动员的心理紧张感和压力感[⑤]。任未多从心理学角度分析了运动员赛

---

① 刘钧演，等. 当前青年面临的压力及其应对方式[J]. 广东青年干部学院学报，2002(2).

② 鲍远通，等. 高校贫困生的精神压力剖析及减轻途径[J]. 承德石油高等专科学校学报，2002(2).

③ 程葵. 大学生的心理压力状况分析及对策[J]. 贵州民族学院学报(哲学社会科学版)，2002(2).

④ 孙海平，等. 陈雁浩、张峰大赛前的训练控制研究[J]. 体育科研，1998(4).

⑤ 董建国，等. 体操运动员赛前行为控制研究[R]. 第五届体育科学大会专题报告，1997.

前心理衰竭的成因与运动员个性特征、行为模式、过度疲劳、社会环境和人际关系等因素相关，心理衰竭会导致运动员丧失参加训练和比赛的理想、目标、动机、热情和自信心，增加心理紧张和恐惧感等[①]。在类似的研究中，都谈到或涉及了减轻运动员压力的问题，也提供了一些有效的手段和方法，但针对高水平运动员通过提高抗压能力，适应大赛压力环境的研究至今没有见到。

（二）对群体控制要素的研究

1. 关于建设高绩效团队的研究

高绩效团队的建设是现代管理的一种必然选择，肖余春认为，高绩效的自我管理团队（是一种在设定领导人的管理下，自我决策，实现组织目标的具有高度自主权的团队，它强调以人为中心，视成员为活动主体、团队的主人。）具有共同的奋斗目标，成员具备很强的技能，成员之间相互信任，成员对团队忠诚，团队具有权威的领导核心[②]。大力提倡团队精神是团队建设的核心。李宝生的研究指出，团队精神可以增强组织的灵活性、强化成员的动机水平、有利于实现组织目标、优化团队的人际关系和提高成员的职业素质[③]。

在竞技运动领域，中国乒乓球队能几十年处于世界霸主的地位，就在于她非常重视运动员的团队精神和训练作风的培养。2000 年悉尼奥运会前，中国乒乓球队总教练蔡振华指出，集训任务是加强自身团队的战斗力，加强思想和训练作风，培养技战术和心理调整能力[④]。国家体育总局副局长李富荣指出，中国乒乓球队能取得好成绩，主要原因是运动员敢打敢拼、作风顽强[⑤]。另

① 任未多. 运动员赛前心理衰竭成因探讨[J]. 福建体育科技，1989(3).

② 肖余春. 自我管理团队及其在企业中的应用[J]. 中国管理科学，2002(6).

③ 李宝生. 论企业团队与团队精神建设[J]. 工业企业管理，2001(9).

④ 乒羽资讯网. 加强训练作风 提高战斗力[EB/OL]. 2000 - 7 - 24. http://www.cttbi.com.

⑤ 乒羽资讯网. 李富荣评说中国队三大胜因[EB/OL]. 1999 - 5 - 10. http://www.cttbi.com.

外,中国射击队在其成长过程中,把构筑“人心工程”作为加强队伍建设的重要手段。但针对运动队团队建设的研究,还没有见到。

2. 关于人际关系与凝聚力问题的研究

美国的管理学家戴维斯认为人际关系对组织凝聚力的形成与工作效率的提高起着至关重要的作用①。根据美国卡耐基学派对人际关系沟通和开发的统计数字,有 85% 的个人成功是依赖人际关系,这一统计数字清楚地表明人际关系是一种十分重要的资源②。因此,为了有效地实现管理系统的目标,在充分调动每个组织成员积极性的同时,管理者必须采取有效的管理方法与艺术,正确协调和处理好管理系统内外的各种人际关系,把个人力量与群体力量协调地统一起来。在这方面,哈佛管理理念也指出,在处理协调人际关系时,作为一个管理者应掌握处理组织成员不同需要的技巧、处理组织成员不同个性的技巧和沟通艺术,作为主管人员,应着力建立与下属的良好人际关系③。

在竞技运动领域,Sams. D 的研究得出了处理教练员与运动员之间人际关系的方法在于努力消除障碍和加强协调④; Summers. J. J、Ford. S. K 从运动员注意力方式的角度研究了人际关系的处理问题⑤;青木邦男在对运动员参加或退出运动队活动因素的研究中,指出高中运动员参加或退出运动队的主要原因在于与教练员之间、与队友之间人际关系的融洽程度⑥。此外,林呈生对

---

① [美]潘威廉. 组织行为学[M]. 林擎国,等,译. 南昌:江西人民出版社,1997.

② 于显洋. 组织社会学[M]. 北京:中国人民大学出版社,2001.

③ 袁坤. 哈佛人才管理学[M]. 北京:中国三峡出版社, 2000.

④ Sams D. Developing a workable coach-player relationship[J]. Coach Clin[英]. 1990. -27(8).

⑤ Summers J J,Ford S K . The test of attentional and interpersomal style: an evaluation[J]. Int J Sport Psychol. [英]1990. -21(2).

⑥ 青木邦男. 影响高中运动员继续参加或退出运动队活动的因素[J]. 体育学研究,[日]1989,34(1).

如何建立一个和睦相处的运动队,从集体亲和力的角度分析了运动员人际关系的处理①;黄柏龄等(1988)研究了篮球队中的人际关系与管理问题;魏纯镭等(1991)从人际关系的角度研究了运动队的心理管理问题,研究指出了人际关系对运动队管理的重要意义。这些对人际关系的研究,主要涉及教练员与运动员之间关系的处理,对于运动员之间人际关系的研究并不多见,特别是关于处理高水平运动员之间人际关系的专题性研究还没有见过。

人际关系与运动队凝聚力密切相关,良好的人际关系不但有助于运动队凝聚成为一个有战斗力的集体,而且还可以形成运动队良好的队风和健康的心理氛围。前中国体操队领队钱奎曾在"团结的集体、力量的源泉"一文中讲到,中国体操队多年来取得优异成绩的基石在于集体凝聚力的培养、运动员拼搏精神的培养、教练员对运动员心理及行为特征的正确判断和有效控制②。我们都知道,运动队群体凝聚力的培养对于集体项目更具价值,张立在"我国优秀女子排球队凝聚力的研究"中发现,影响运动队群体凝聚力的主要内环境因素有训练目标的认同度、教练的工作方式、运动员在满足需求上对群体的依赖感等,并且指出,通过加强运动员参与集体活动的意识、促进队员之间的人际互动、保持良好的内心状态、活跃队内气氛和树立教练威信等可有效提高运动队的凝聚力③。张忠秋在中国男排群体凝聚力的主要表现特征与培养方式的研究中指出,群体凝聚力的培养必须要以群体中良好的人际关系和有效的激励手段作保障④。这些有关运动队凝聚力问题的研究,主要是针对影响凝聚力的因素、高凝聚力的特征表现和提高凝聚力的手段进行的,其中特别强调了运动员人际关系对提高运动队凝聚力的作用。组织行为学理论告诉我们,影响

① 林呈生.如何建立一个和睦相处的运动队[J].福建体育科技,1989(3).

② 钱奎.团结的集体、力量的源泉[J].体育文史,1999(2).

③ 张立.我国优秀女子排球队凝聚力的研究[J].中国体育科技,1991(3).

④ 张忠秋.运动群体凝聚力主要表现特征与培养方式探讨[J].体育科学,1996(3).

凝聚力的因素除人际关系之外，还涉及团队精神、群体规范等问题，这说明凝聚力的提高是多种因素综合作用的结果，因此，今后还应从多种因素的综合作用对提高运动队凝聚力的问题加强研究。

3. 关于决策问题的研究

群体思维（groupthink）是群体决策中经常出现的问题①。毕鹏程等对群体决策中群体思维问题进行的研究表明，群体决策中一旦出现群体思维，决策将不能按照理性程序进行，而且会直接导致出现很多的过程缺陷②。事实上，在决策过程中保持群体的一致性并没有错，特别是当决策群体的任务是由其最初的个体偏好来形成一个群体偏好时③。之所以会产生问题是由于群体的一致性寻求发生在还没有找到最优的解决方案之前，以及在还没有充分地评价各种解决方案的利弊之前就已经达成了一致意见④。

在竞技运动领域，虽然中国乒乓球队多年来保持辉煌的手段之一，就在于发挥群体决策的优势，群策群力、周密计划⑤，中国体操队多年以来进行科学有效决策的关键，也在于有效地避免了群体决策中的群体思维现象，有效地营造了民主决策气氛⑥，但对高水平运动队如何进行科学有效决策的相关研究还没有见到过。

总之，关于群体控制要素涉及的团队、人际关系、凝聚力、决策等问题主要是围绕企业管理来进行的，在竞技运动领域，还没有见到过围绕高水平运动队进行的专题研究，有的只是在相关研究中有所涉及，缺乏从群体控制各要素的整体角度、从各要素的

---

① Aldag R J, Fuller S R. Beyond fiasco. A reappraisal of the groupthink phenomenon and a new model of group decision processes[J]. Psychological bulletin, 1993:113.

② 毕鹏程，等. 群体决策过程中的群体思维研究[J]. 管理科学学报，2002(1).

③ Whyte G. Groupthink reconsidered [J]. Academy of Management Review, 1989(4).

④ 毕鹏程，等. 群体决策过程中的群体思维研究[J]. 管理科学学报，2002(1).

⑤ 王鼎华，吴焕群，等. 乒乓长盛考[M]. 北京：人民体育出版社，2001.

⑥ 黄玉斌. 体操新概念——高水平运动员训练行为控制研究[M]. 北京：人民体育出版社，2002.

相互作用关系中,研究运动员训练行为的控制问题。

(三)对组织文化要素的研究

对组织文化的相关研究认为,要促成组织的良性发展,可通过组织的精神环境(组织文化)对员工的心理和行为产生规范性的影响,实施有效的内化控制①。我们知道,组织文化作为组织行为研究的一个重点,已越来越受到社会的关注。企业文化作为组织文化的一种表现形式,主要是指企业全体成员所共同创造和共同享有的思想价值体系。作为一种软管理方式,建立企业文化的目的就在于培养员工对企业的忠诚度、增强群体凝聚力;塑造共同的价值观和精神口号,对员工实现内化控制;加强员工的相互交流,促进和加速信息的传递、应用等②。现代企业管理的核心问题就是提升企业文化,以强势企业文化凝聚员工的向心力,为员工的思想和行为提供导向,激励全体人员的工作热情和创造潜能,规范他们的行为形成自我约束,达到内强素质、外树形象的目的③。当前,企业文化的发展已越来越成为制约企业发展的核心要素,它将以尊重员工的文化主体意识和价值实现的愿望、增强企业凝聚力、提高员工素质为已任④。依据这些研究得知,企业文化对企业的发展起着决定性的作用,它决定着企业的凝聚力,对企业员工的行为具有规范和引导作用。企业文化对企业的价值所在,已得到广泛的认可。在日本,之所以战后经济飞速发展,与日本企业对员工敬业精神的培养是密不可分的⑤。在中国,近年来也有越来越多的企业逐渐对企业文化建立的重要性有了足够的重视。有研究指出,新经济时代的企业文化应重视文化资本经营、倡导"结盟取胜、双赢模式"、注重树立企业形象和重视以人为

---

① 吴增基,等.现代社会学[M].上海:上海人民出版社,1998.

② 肖峰.企业文化[M].北京:中国纺织出版社,2002.

③ 崔会保,等. 日本松下公司企业文化的几点启示[J]. 科学管理研究,2001(2).

④ 孟凡驰.企业文化本质、特征、透视及未来展望[J].企业文化,2002(4).

⑤ 边一民,等.组织行为学[M].杭州:浙江大学出版社,1998.

本的思想[1]。对于高新技术企业,组织文化的建立应重视培育企业价值观、树立以用户为中心的经营思想、加强人本管理、增强创新意识、树立团队精神、提高学习能力等[2]。

在竞技运动领域,运动队文化作为组织文化的表现形式,对提高运动员竞技水平起着举足轻重的作用。运动队追求运动技术水平发展得更快、更高、更强,必须建立起自身特有的运动队文化,利用运动队文化手段培养运动员的团队精神、增强运动队的凝聚力、倡导教法创新、加强以运动员为核心的管理思想等,建立起适应现代运动训练要求的训练有素、管理水平先进的运动员队伍。当前,对于如何建立运动队文化和发挥运动队文化对运动员训练行为的约束和引导作用的研究还没有见过,本课题的研究将弥补这一不足。

① 王文. 企业文化发展趋势及应对措施[J]. 郑州航空工业管理学院学报,2002(1).

② 胡继灵. 论高新技术企业文化的培育与创新[J]. 武汉理工大学学报,2001(2).

第二章 大赛前的训练控制特点与内容

一、大赛前的训练控制特点

(一)训练计划制订更加严谨

大赛前,教练员会投入更大的精力、花费更多的时间,在计划制订的合理性、计划执行的有效性、计划的前后连续性、计划实施的可控性和变更的灵活性等方面进行更加严谨、全面的考虑。

(二)训练课实施更加周密

大赛性质决定了运动员必须严格按照训练课计划内容进行训练,教练员要以训练计划为目标,严格对运动员的执行情况进行检查和监督。教练员对运动员的控制必须做到,从集合、整队到准备活动,从任务的布置、要求的提出到课后总结,从教法手段的运用到训练课任务的完成情况,每一项内容都要高标准、严格周密地加以实施。

(三)加强运动员心理压力的调控

大赛前,运动员会受到来自国家、组织、领导、教练员及社会、媒体、亲属等多方面的压力,这些压力通过叠加效应,会使运动员承受较一般比赛更大的压力。沉重的压力感,是大赛前运动员最明显的心理反应。为适应大赛的需要,中国体操队非常重视运动员心理压力的调节,特别是加强运动员抗压能力的训练。

(四)突出训练负荷的大强度

为适应大赛对运动员体能的要求,中国体操队赛前训练的最大负荷为 2 小时 12 套、一个训练日 24 套、一个训练周 72 至 96 套的强度，其目的就是要通过数倍于比赛的负荷强度，提高运动员连续完成大强度成套动作的能力，增加体能的储备，适应大赛要求。

（五）重视社会因素对运动员行为的影响

针对奥运会这样的重大赛事，会有许许多多的社会因素直接影响运动员的训练，如国家为了扩大政治影响和宣扬国威，会对运动员提出要求；媒体为了报道需要，会频繁地与运动员进行接触并提出各种各样的敏感话题，造成运动员的心理压力；各省市的领导及官员为鼓励运动员，会不断亲临训练第一线，发表各种各样的讲话，对运动员施加影响。除此之外，亲属、朋友的殷切期望，运动员功利意识的加强，物质和精神奖励期望的加大等诸多的社会因素，都会使运动员的心理发生变化，影响训练行为。因此，针对重大赛事，中国体操队非常重视利用社会因素对运动员的积极影响，回避消极影响，把解决运动员的心理问题放在首位。

二、大赛前的训练控制内容

（一）目标控制

根据运动训练学理论，“目标”是对未来要实现的客观事物的描述，是人们一切行动的归宿，是人们了解和掌握客观事物发展变化进程而专门设计的理想模式，带有明显的预测性质。“训练目标”就是为了解和掌握训练全过程的发展进程而专门设计的理想模式。训练目标的确定，对运动训练过程的科学控制具有十分重要的作用和意义，它可以有效激发运动员和教练员的进取精神，为科学地制订训练计划和评定训练效果提供依据。

（二）训练计划控制

大赛前训练计划的控制，包括训练计划的制订、训练计划的执行和适时对训练计划进行变更。对训练计划的控制，既要有相对稳定性，又要体现动态的变化特点。相对稳定性体现在训练必须严格按照计划的要求进行，要努力完成计划的内容；动态的变化特点体现在训练计划要根据实际训练的情况，进行必要的调整,特别是根据运动员个体的训练特点灵活变更。

(三)训练课实施过程控制

训练课实施过程控制主要包括准备活动和主训、辅训部分的控制。

1. 训练课准备活动的内容控制

准备活动是一堂课的开始,十分重要。一方面,通过准备活动可以起到热身作用,防止伤害事故;另一方面,通过准备活动,可以调动运动员的训练积极性,最大限度地发掘运动员的心理潜能,消除大强度负荷训练带给运动员的生理和心理疲劳。体操队准备活动的内容安排见图1。

大赛前准备活动的要求:一是要有不同的带操风格;二是内容要丰富、多样;三是要由一般性练习向专项性练习逐渐过渡;四是教练员要示范领操。

2. 训练课主训、辅训部分的控制

大赛前训练课主训、辅训部分控制的指导思想是:第一,以比赛为中心,突出实战性;第二,统一计划与运动员个性化计划相结合;第三,以男子团体为重,以单杠、自由体操等弱项为突破口,加大弱项的训练内容和比重;第四,合理安排教练员的训练分工,充分体现统一控制与自主训练相结合;第五,训练内容的安排必须考虑到连贯性和个体的针对性;第六,成套动作训练应是训练的主流。

主训部分的安排为,周二、周四、周六以成套动作训练为主;周一、周三、周五以单动作、个别连接技术的提高与精雕细刻为主;周日机动。

辅训部分的安排:第一,以成套动作训练为主的训练课,辅训部分的内容主要以补成套动作练习中出现的技术问题为重,同时,配以专项素质练习及力量、耐力练习和补成套练习中出现的能力不足问题,并进行按摩、桑拿等;第二,以技术提高与精雕细刻为主的训练课,辅训部分与主训部分的内容呈交叉状。由于训练上采取的是分小组训练,执行的计划是在统一计划指导下的运

一般身体练习
组织形式：定位或绕场行进
动作选择：以简单的拉伸、摆振和转体动作为主。
动作数量：7~8 个动作，每个动作 2×8 拍。

↓

关节练习
组织形式：绕场行进（顺时针或逆时针）
动作选择：以各关节的屈、伸、绕、扭、压、振等动作为主。
动作数量：10~12 个动作，每个动作 2×8 拍。

↓

垫上练习
组织形式：面向圆心的定位坐姿
动作选择：以各关节的压、拉、扭、撑、对抗性、转等动作为主。
动作数量：10~12 个动作，每个动作 2×8 拍。

↓

跑跳练习
组织形式：绕场行进或沿对角线
动作选择：以单脚跳及跳转体和双脚跳及跳转体动作为主。
动作数量：10~12 个动作，每个动作 2×8 拍。

↓

小技巧动作练习
组织形式：定位或对角线行进
动作选择：以手翻、空翻、倒立、滚翻接提倒立、成套动作中的小技巧连接动作、落地稳定性练习为主。
动作数量：10~12 个动作，每个动作 2~4 次。

↓

压脚及中低强度的力量组合练习
组织形式：任意
动作选择：以压脚和上肢力量练习动作为主。
动作数量：力量练习约 3~4 个动作，每个动作 1~2 组。

图 1　体操队准备活动内容安排

动员个性计划，内容安排比较灵活。

（四）运动员的动作技术控制

中国体操队极其重视提高运动员成套动作的熟练性和技术动作的准确性。在大赛前，中国体操队加大了成套动作训练的比重，每次训练课都安排有成套动作练习，并且采取了单项多套的训练手段，其目的就在于使运动员通过成百上千套的重复性训练，提高成套动作的熟练性和动作的准确性，确保成套动作的成功率，以保障运动员在比赛中不因体力下降和外界干扰而失误，达到正常或超水平发挥的目的。

（五）运动员的动作质量控制

不断提高动作质量是大赛前运动员动作质量控制的目的，也是保障运动员在比赛中出色表现的前提条件[①]。在大赛前，为保障运动员动作质量的不断提高，中国体操队强调，首先，要以正确掌握动作的技术要领为前提。动作质量不高往往在于动作技术不正确，只有从根本上解决技术问题，才能最终保证动作的质量。其次，动作质量的提高在于教练员对运动员动作的细小错误，包括技术的、姿态的、意识上的错误的一丝不苟、不厌其烦地进行纠正，特别是对于已定型错误的纠正更应如此。中国体操队在备战2000年悉尼奥运会期间，为提高运动员的动作质量采取了以下措施：第一，以解决技术问题为主，确保在掌握正确技术前提下的高质量；第二，全面提高运动员的能力，确保运动员以充沛的体力完成高质量的动作；第三，详细统计成套动作的完成情况，以"×"（差）、"△"（一般）、"☆"（优质）三个标准，对运动员成套动作的完成质量进行评价，并要求每课次、每项至少完成一套优质套；第四，对训练中运动员完成的任何动作，包括辅助性练习，均要严格树立质量意识，不允许有丝毫的勾、分、屈、动等错误出现。

（六）训练课负荷的控制

中国体操队大赛前训练课负荷控制的指导思想是：第一，以

① 高健，等．竞技体操教练员训练指南［M］．北京：人民体育出版社，1992.

大负荷强度、中等负荷量为主；第二，大赛前，负荷量与负荷强度的变化以渐进的方式进行转换，要呈现渐进性；第三，负荷量与负荷强度的控制由相对恒定状态向不恒定状态转变，最后在更高水平再次达到相对恒定状态；第四，训练课的负荷量与负荷强度的变化虽有高低起伏，但负荷量的总体水平则始终保持在较高的程度。具体做法是：第一，以运动员原有的能力为基础，以大赛对运动员的负荷水平要求为标准，逐渐加大训练的负荷水平；第二，通过对运动员的情绪表现、体力变化、动作成功率、饮食、睡眠及言语的观察，根据经验，判断运动员承受负荷的极限能力和水平，酌情作出调整；第三，每周定期进行一次生理、生化指标的测试，通过对测试结果的量化分析，了解运动员的身体状况，为运动员负荷控制提供依据。

（七）伤后康复、营养补充及疲劳消除控制

伤后康复、营养补充及疲劳消除的控制，作为保障大赛前运动员正常训练的基础，已成为中国体操队大赛前训练控制的重要内容。中国体操队大赛前关于伤后康复、营养补充及疲劳消除的控制，主要是以防伤、防病为主。采取的具体措施有：第一，为防止运动员感冒，医务人员配制中药汤剂，并为运动员及时注射流感疫苗。第二，为运动员配制营养中药汤。第三，给运动员讲授有关营养、疲劳及生理、生化的知识，提高运动员防伤、主动营养及积极消除疲劳的意识。第四，针对男运动员夏训营养不良和女运动员的减控体重问题，优化膳食配搭结构，有选择地服用维生素、叶酸等非兴奋剂制剂，以补充膳食不足。第五，与北京体科所合作进行“中国优秀体操运动员 2000 年奥运难新动作常见损伤生物力学诊治”研究。第六，强化按摩治疗手段。第七，针对重点队员重点进行治疗。第八，为做到防伤及伤后康复的万无一失，定期安排专家会诊。

（八）运动员的行为控制

训练过程是以运动员为中心而展开的，运动员的行为表现决定着训练的成败。为此，中国体操队已把对运动员训练行为的有效控制贯穿在训练的全过程。

在大赛中,决定胜负的关键往往取决于运动员过硬的训练作风、顽强的拼搏精神、稳定的心理表现、极强的自控能力和抗压能力。因此,大赛前中国体操队的训练控制,更加侧重于通过把握运动员的思想认识、判断运动员的心理变化,借助于组织行为学的手段,培养运动员敢打敢拼的训练作风、提高运动员抵抗大赛压力的能力、强化团队的凝聚力和保持稳定心理状态的能力,来有效引导运动员的行为指向训练和比赛要求的方向。他们认为,任何训练内容的控制,都需要运动员的积极参与,只有这样才能提高训练的效果。为此,中国体操队分别从运动员个体、集训队群体和中国体操队文化三个层次对运动员的训练行为进行了控制,有效地调动了运动员的训练积极性,提高了运动员承受大赛压力的能力,培养了过硬的训练作风,增强了集训队的凝聚力并融洽了人际关系,从而提高了大赛前各项训练内容的控制效果,出色地完成了备战任务。

综合来看,对运动员的行为进行控制是现代运动训练中"以人为本"原则的具体体现,是大赛前训练控制的重要内容。作为一条主线,它贯穿于总体及阶段目标控制、训练计划制订、训练课实施过程控制、运动员动作技术控制、运动员动作质量控制、训练课负荷控制、伤后康复及营养控制当中,影响着所有训练内容控制的效果。如果运动员的主观能动性跟不上大赛前训练的要求,即使有合理的训练计划和先进的训练方法,也无法得以贯彻和实施,因此,强化运动员训练行为的控制,是保障大赛前训练效果的前提。

第三章　优秀运动员的个性心理特征

我们知道，优秀运动员有着极强的个性特征，教练员对运动员训练行为的控制需要根据每一名运动员的个性特征加以区别对待。大赛前优秀运动员训练行为的有效控制是实施赛前训练计划、实现运动员竞技状态调控和顺利完成比赛任务的根本保证。因此，大赛前有效控制优秀运动员的训练行为与准确把握运动员的个性特征是分不开的。

运动员个性心理特征的研究是国内外运动心理学的重点研究内容。被称为“运动心理学之父”的美国学者格里菲斯（Griffith）有关成功运动员个性特征的研究开创了运动员个性研究的先河①。20 世纪 60—70 年代，运动员个性研究一度达到高潮，成为当时运动心理学研究的主流。但自 20 世纪 80 年代以后，对运动员个性问题的研究开始降温，特别是自 20 世纪 90 年代起，单纯地使用某一种个性评定量表进行的运动员个性研究已很少见，但同时，关于优秀或成功运动员的个性研究越来越成为国际运动心理学领域中的热门研究课题②。已有的一些研究尚不能彻底揭示优秀或成功运动员的个性特征，因此，在这方面的研究仍然有很大空间，有必要从不同项目或项群出发对优秀或成功运动员的个性特征进行广泛和深入研究。我国学者张力为、任未多（1995）提出，运动员个性研究将从描述性和预测性研究转向解释和控制运

① 李维. 心理学百科全书［M］. 杭州：浙江教育出版社，1996.

② 张力为. 体育运动心理学研究进展［M］. 北京：高等教育出版社，2000.

动员行为的干预和控制性研究；从个性特征与运动行为关系的二维转向环境影响、个性特征和运动行为的三维交互作用研究①。基于以上考虑，本研究将以部分中国男子体操世界冠军运动员为研究对象，通过运动员个性的测试，使教练员准确把握运动员的个性表现，对运动员大赛前的训练行为进行控制，实现对运动员训练行为的有效干预和控制。

叶奕乾认为，个性是指一个人的整个心理面貌，即具有一定倾向性的各种心理特征的总和。个性具有整体性、稳定性、可塑性、独特征、社会性和生物性等基本特征。个性的心理结构包括个性倾向性和个性心理特征两大部分。个性倾向性是人进行活动的基本动力，是个性结构中最活跃的因素，它主要包括需要、动机、兴趣、理想、信念和世界观。其中，需要是个性倾向性的源泉，动机、兴趣和信念等都是需要的表现形式。个性倾向性被认为是以人的需要为基础的动机系统。个性心理特征是指一个人身上经常地、稳定地表现出来的心理特点。个性心理特征是个性结构中比较稳定的成分，主要包括气质、性格和能力②。

根据奥维勒等（Auweele et al，1993）综合优秀或成功运动员的个性研究发现，优秀运动员的个性特征表现在有足够信心、在比赛前和比赛期间较少焦虑、注意力高度集中于比赛过程、面对比赛中的落后和失误能有应对策略及较多的积极思维等③。优秀体操运动员除具有以上优秀或成功运动员个性的共性特征外，受项目的影响，还会有许多不同表现，且不同的优秀体操运动员之间也存在个性上的差异。

一、优秀体操运动员个性根源特质特征

卡特尔关于人格（即个性）特质的理论认为，特质是人格建筑

① 张力为.体育运动心理学研究进展[M].北京：高等教育出版社，2000.

② 叶奕乾.个性心理学[M].北京：高等教育出版社，1994.

③ 张力为.体育运动心理学研究进展[M].北京：高等教育出版社，2000.

的砖石，可分为根源特质与表面特质。其中根源特质是内在的因素，是人格结构的重要部分，也是人格的最基本元素，是一个人行为的最终根源，它直接影响、支配着个体全部的所作所为。卡特尔认为个体的根源特质共有16种，即16项个性因素，它们各自独立，普遍存在于各个年龄阶段和所处社会文化环境不同的人身上。我们每个人正是基于这16种个性因素在各人身上的不同组合而形成了不同的人格特征。

表1　七名男子体操世界冠军16项个性根源特质测验结果统计表

因素	运动员甲		运动员乙		运动员丙		运动员丁		运动员戊		运动员已		运动员庚	
	标准分	原始分	标准分	原始分	标准分	原始分	标准分	原始分	标准分	原始分	标准分	原始分	标准分	原始分
乐群性(A)	6	11	5	9	5	9	5	8	6	11	6	11	6	11
聪慧性(B)	8	11	6	9	6	8	8	11	5	8	5	8	6	9
稳定性(C)	5	13	5	14	4	11	7	19	4	12	10	23	4	11
持强性(E)	6	14	5	12	5	13	6	15	5	13	6	14	4	10
兴奋性(F)	6	14	3	7	6	16	7	17	7	17	6	16	4	10
有恒性(G)	4	9	4	10	4	10	3	8	5	12	6	13	6	13
敢为性(H)	6	13	6	12	7	15	8	18	7	15	8	19	5	9
敏感性(I)	5	9	6	11	7	13	4	8	7	13	4	7	5	10
怀疑性(L)	5	9	7	13	4	7	6	10	6	12	3	5	6	12
幻想性(M)	6	14	4	10	8	17	7	15	5	12	6	14	4	9
世故性(N)	6	10	4	7	5	9	4	7	5	8	6	11	6	11
忧虑性(O)	6	9	8	13	4	5	6	8	9	16	3	3	5	6
实验性(Q_1)	5	12	5	12	4	10	4	10	3	9	6	13	2	7
独立性(Q_2)	4	9	4	9	6	13	6	13	2	6	4	10	6	13
自律性(Q_3)	5	11	4	9	6	13	5	10	5	10	6	13	4	9
紧张性(Q_4)	6	13	6	13	7	15	6	13	7	14	3	6	7	14

我们用卡特尔的16项个性心理测验量表，测试了中国男子体操队备战悉尼奥运会的七名主力队员，测试结果见表1。根据测试结果我们又绘制了被试者的16项个性根源特质折线图（见图2、图3、图4）。

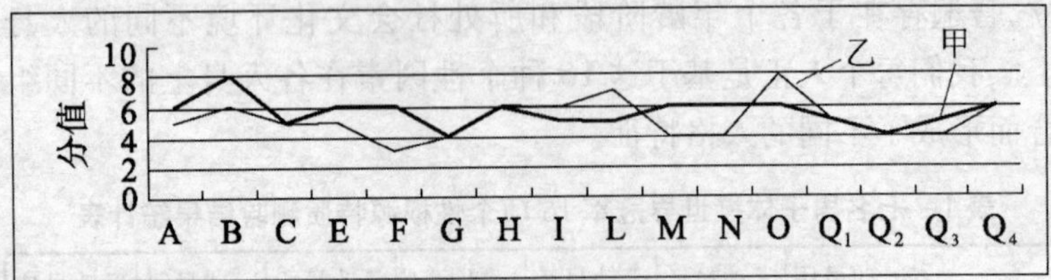

图2　运动员甲、乙16种个性根源特质折线图

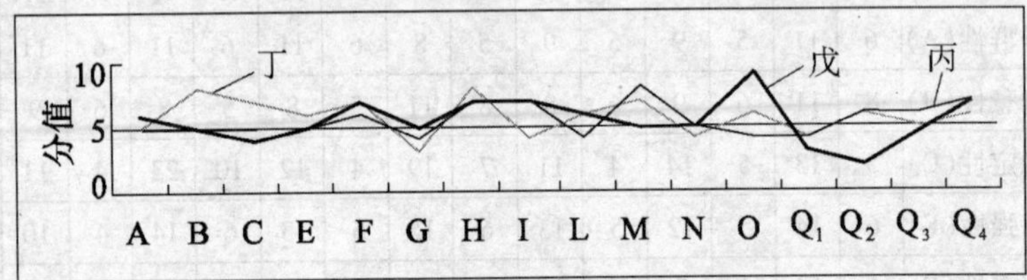

图3　运动员丙、丁、戊16种个性根源特质折线图

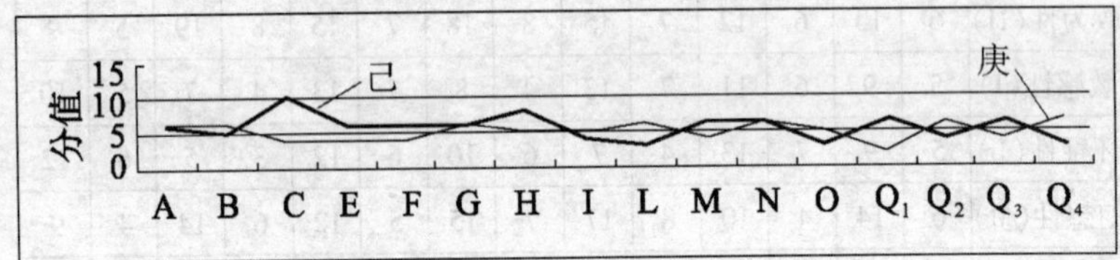

图4　运动员己、庚16种个性根源特质折线图

（一）优秀体操运动员根源特质的个性化表现

由表1、图2我们可以看出，运动员甲在A、B、E、F、H、M、N、O、Q_4等九项因素方面趋高分特征，其中在B因素上呈高分特征。由此，我们可以把运动员甲的个性根源特质概括为：外向乐群，聪慧有识，好强积极，冒险敢为，精明练达，有时富于想象，易从主观兴趣出发，其中，聪慧有识品质更为显著些。

由表1、图2我们可以看出，运动员乙在B、H、I、L、O、Q_4等六项个性因素上趋高分特征，其中在O因素上呈高分特征，在F因素上呈低分特征。由此，我们可以把运动员乙的个性根源特质概括为：聪慧有识，冷静寡言，冒险敢为，对事敏感，易感情用事，多疑，常忧虑抑郁，有紧张感，其中，冷静寡言，多疑，忧虑抑郁更为显著些。

由表1、图3我们可以看出，运动员丙在B、F、H、I、M、Q_2、Q_3、Q_4等八项个性因素上趋高分特征，其中在M因素上呈高分特征。由此，我们可以把运动员丙的个性根源特质概括为：自立自强，自我要求甚严，富有冒险精神，对事物敏感，易感情用事，喜欢从自己的兴趣出发，甚至狂放不羁，常觉紧张、兴奋，其中，冒险敢为，对事敏感，狂放不羁，常觉紧张等个性心理品质更为显著些。

由表1、图3我们可以看出，运动员丁在B、C、E、F、H、L、M、O、Q_2、Q_4等十项个性因素上趋高分特征，其中在B、H因素上呈高分特征，在G因素上呈低分特征。由此，我们可以把运动员丁的个性根源特质概括为：聪慧有识，自立沉稳，活泼好强，敢于冒险，但常缺乏恒心、责任心，常忧虑、怀疑、不信任别人，爱从自己的主观兴趣出发，有紧张感，其中，聪慧、沉稳、活泼敢为，但有时爱从自己的主观兴趣出发，缺乏恒心的个性心理品质较为明显些。

由表1、图3我们可以看出，运动员戊在A、F、H、I、L、O、Q_4等七项个性因素上趋高分特征，其中在F、O因素上呈高分特征，在Q_1、Q_2两项因素上呈低分特征。由此，我们可以把运动员戊的个性根源特质概括为：活泼乐群、冒险敢为，但自立性低，过于依赖别人或集体，疑心敏感、忧虑抑郁，常有紧张感，其中，自立性低，过于依赖别人，疑心敏感、忧虑抑郁，有紧张感更为突出些。

由表1、图4我们可以看出，运动员己在A、C、E、F、G、H、M、N、Q_1、Q_3等十项个性因素上趋高分特征，其中在C、H因素上呈高分特征，在L、O、Q_4等三项因素上呈低分特征。由此，我们可以把运动员己的个性根源特质概括为：乐群外向，易与人相处，情绪

稳定平和，成熟，做事积极敢为，有恒心，对自己要求较高，其中，易与人相处，情绪稳定，成熟，做事积极敢为更为显著些。

由表1、图4我们看出，运动员庚在A、B、G、L、N、Q_2、Q_4等七项个性因素上趋高分特征，在Q_1上呈低分特征。由此，我们可以把运动员庚的个性根源特质概括为：自立、乐群、聪慧有识，处事得体，有责任心，但有时固执己见，不信任别人，常有紧张感，其中，常有紧张感较为显著些。

（二）优秀体操运动员根源特质的共性表现

根据测试结果，我们可以总结出受试者根源特质的共性表现（见表2）。

表2　七名体操世界冠军根源特质共性特征结果统计

因素	显低分特征人次	趋高分特征人次	呈高分特征人次
聪慧性（B）	0	3	2
兴奋性（F）	1	5	0
敢为性（H）	0	4	2
紧张性（Q_4）	1	6	0

根据表2，我们可以发现被试者的根源特质在聪慧、活跃、冒险敢为，常有紧张感等方面具有较为相同的共性特征。根据图2、图3和图4，我们也发现，七名被试者在16项个性根源特质因素特征上既具有共性特征，也存在差异性特征，突出表现在聪慧性、兴奋性、敢为性、紧张性等方面较为一致，而在其他因素上则表现不一。

优秀体操运动员的根源特质之所以会在聪慧性、兴奋性、敢为性、紧张性等方面具有一致性的表现，一方面，是由于体操项目的特点决定在选人上要选取个性上表现聪慧、活跃和胆大的孩子，另一方面，体操运动员的这些个性表现受体操训练环境的长时间影响和熏陶，又会进一步得到强化。

1. 优秀体操运动员的兴奋性根源特征

现代个性心理学认为，人的个性形成是先天遗传素质和后天环境共同作用的结果，因此，被试者个性的形成，既与他们的先天素质有关，也与他们后天的成长经历、所从事的运动、生活的环境密不可分①。现代体操是一项极具观赏性的项目，要求运动员要善于表演，善于把体操的优美技艺用身体语言表现给观众，这就容易培养运动员的活跃性格。加之，崭新的器械、明亮的灯光、严肃的裁判及热情的观众，会进一步激发运动员的情感。另外，体操运动员训练负荷愈大，由肌肉的感觉神经传至大脑皮质的神经冲动也愈强，从而引起大脑皮质指挥肌肉活动的神经细胞产生强烈兴奋，这些神经细胞经常受到这种锻炼，就提高了他们的兴奋强度②。再者，体操运动员年龄普遍较小，大多处于成长阶段，青少年大脑皮质神经兴奋和抑制的过程不均衡，兴奋占优势，因此，常表现为灵活、活泼好动，容易使兴奋性根源特质趋高分特征。

2. 优秀体操运动员的聪慧性根源特质

被试者所表现出的聪慧性特征同样与体操项目的特点有关。体操项目内容丰富，套路多变，动作难度大，技术复杂，特别是随着体操技术水平的不断发展，使得动作的完成速度加快，成套动作的复杂性提高，动作之间的连贯性和紧凑感加强，所有这些都要求运动员必须具备足够的记忆、组合、理解、完成动作的能力。体操动作的复杂多变和高难，要求运动员在训练、比赛中注意力必须高度集中，并能维持相当长的时间，即形成稳定的且具有一定强度的定向反射。同时，注意的转移须灵活而迅速，只有这样，才能保证运动员全身心地、稳定地完成动作，不至于因瞬间的分神而导致动作失去节奏或失败。再者，体操动作的复杂多变对运动员的想象力、思维力、观察力是一种有效的锻炼，运动员只有具有较高的想象力、思维力、观察力，才能领会到动作的细节与要领，建立起清晰的动作表象，真正理解动作的内在规律，达到有效

---

① 邵斌，等. 高水平体操运动员个性特点研究[J]. 上海体育学院学报，2002(3).

② 何桂麟. 体操运动心理学[M]. 武汉：武汉体院学报专辑出版，1993.

地掌握动作和创造性地发展动作。因此,一方面,体操项目对运动员的智力有着极高的要求,另一方面,体操训练也有助于运动员智力的提高。实践表明,训练水平越高,运动员所表现出来的观察力、注意力、记忆力、想象力和思维能力的水平越高。有研究表明,优秀体操运动员的记忆能力较强,记忆速度快,记忆内容多而广,而且记忆维持的时间较长。本研究的被试者都是奥运会和世界冠军的获得者,由此,就决定了他们的聪慧性根源特质特征会有突出的表现。

3. 优秀体操运动员的敢为性根源特质

体操项目属于难美类项群,其高难惊险是众所周知的。一方面,体操项目本身就具有极大的风险性,如运动员在完成跳马项目的各种空翻转体的高难动作和单杠、双杠、高低杠等项目的空中"飞行动作"时,由于运动员经常处于一种不稳定时空状态,极有可能出现脱手、跌落、碰撞等情况,造成损伤甚至更严重的后果。另一方面,创新是体操的生命,要具有克敌制胜的"绝活",运动员就要不断发展动作难度,具备敢为天下先的冒险精神。所有这些,不仅是对运动员自身技术、体能、心理的考验,更是对运动员身体极限的挑战,如果没有一点冒险、果敢精神是绝对不行的。对于长期经历职业化训练的优秀体操运动员,在不断克服恐惧心理、经历惊险和接受挑战的过程中,敢为性根源特质会得到不断的加强,形成突出的敢为性根源特质特征。因此,体操训练有助于培养运动员的勇敢、果断、刚毅的意志品质,会使体操运动员的敢为性根源特质趋高分特征。

4. 优秀体操运动员的紧张性根源特质

体操项目的比赛是非常紧张和激烈的,冠亚军之间的差距常常只有零点零几分,动作稍有失误,就会与奖牌无缘,因此,紧张和明显的压力感是运动员典型的心理表现。在长期紧张感与压力感的作用之下,运动员很容易形成明显的紧张性根源特质特征。

二、优秀体操运动员个性表面特质特征

(一)优秀体操运动员双重个性因素分析

卡特尔理论认为,根源特质是内在因素,它们是人格结构中最重要的部分,是一个人行为的最终根源。表面特质直接与环境接触,常常随环境的变化而变化,是从外部可以观察到的行为。在两者关系上,卡特尔认为,根源特质控制着表面特质的聚集变量,表面特质是根源特质的表现。因此,优秀体操运动员的双重个性因素是由他们的根源特质决定的。研究中,我们对被试者的双重个性因素得分进行了统计,结果见表3。

表3　　七名被试者双重个性因素得分统计表

双重个性因素	运动员甲	运动员乙	运动员丙	运动员丁	运动员戊	运动员己	运动员庚
适应与焦虑型($*_1$)	5.8	7	5.2	5.2	7.3	1.7	6.7
内向与外向型($*_2$)	6.5	4.8	6.1	7.3	7.5	7.5	4.2
感情用事与安详机警型($*_3$)	5.7	4.7	3.9	6.7	4.3	7.3	5.1
怯懦顺从与果断独立型($*_4$)	5.2	4.5	6.1	6.4	2.7	5.2	3

(二)适应与焦虑型双重个性

由表3可知,在适应与焦虑因素上,运动员乙、运动员戊、运动员庚 趋高分特征,属于焦虑型。焦虑是对现实威胁或想象威胁的一种反映,过分焦虑会引起肌肉过度紧张、呼吸急促甚至恶心。实践证明,运动员比赛时的焦虑和信心不足等不良情绪状态往往与肌体的疲劳有关,而这种疲劳又总是首先从神经系统开始产生的。心理学家泰勒与斯潘塞也断言,在复杂的情景中,无焦虑的被试者表现优于焦虑的被试者。因此,焦虑是妨碍运动员成功的一大障碍。根源特质中的高L、高O、高Q_4、低C、低H、低Q_2是与这一因素直接联系的,是决定这项表面特质的内在因素。运动员己在这项因素上为低分特征,属于适应型的,这与他根源特质中

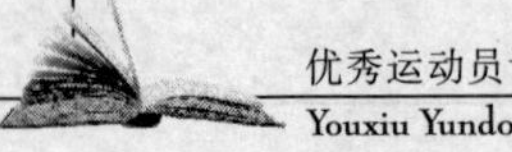

低 L、O、Q_2,高 C、H 是相关的。

(三)内向与外向型双重个性

由表 3 可知,运动员甲、运动员丙、运动员丁、运动员戊、运动员已属于外向型,运动员乙、运动员庚则偏中性。运动员属于外向型、内向型或偏中性的倾向性是与根源特质中高 E、高 F、高 H,低 Q_2 直接相关的。心理学家博依姆教授认为,属外倾性格的人,爱好有刺激、兴奋性强的场合,崇尚比赛,这与内倾性格的人完全不同。因此,作为优秀体操运动员的七名被试者中,有五人属于外向型性格,两人偏中性,没有内向型,这一测试结果说明,体操作为难美表现型的运动项目,更适合于外向型的运动员参与,因为,外向型的运动员善于利用比赛环境的强刺激,调动自己的情绪,表现自己,有利于其正常或超水平发挥自己的水平。

(四)感情用事与安详机警双重个性

由表 3 可知,在感情用事与安详机警因素上,运动员丁、运动员已属于安详机警型,运动员丙属中性偏向于感情用事型,其他被试者则属中性。这项因素得分的高低与根源特质中 A、C、E、F、I、M、N 的得分相关,安详机警的人富有事业心、刚毅、有进取精神,但有时会忽视生活中的细节。感情用事的人感情丰富,易感困扰不安,但对生活中的细节较为含蓄、敏感,讲究生活艺术。

(五)怯懦顺从与果断独立型双重个性

由表 3 可知,运动员丙、运动员丁属于果断独立型,运动员戊、运动员庚偏向于怯懦顺从型,这项因素是由根源特质中的 A、E、G、M、Q_1、Q_2 等因素的得分情况决定的。果断独立型的人倾向于独立、果断,露锋芒,有气魄,通常会主动寻找可以施展这种行为的环境和机会,以充分表现自己的独创能力。怯懦顺从型常依赖别人,个性被动,受人驱使,不能独立,对支持他的人在行动上常适应其需求。

三、优秀体操运动员应用性个性因素分析

应用性个性因素涉及心理健康状况、专业而有成就、创造能

力强和新的环境中有成长能力等。在研究中,我们对七名被试者的应用性个性因素得分进行了统计(见表4)。

表4　七名被试者应用性个性因素得分统计表

应用性个性因素	运动员甲	运动员乙	运动员丙	运动员丁	运动员戊	运动员己	运动员庚
心理健康状况(Y_1)	21	16	20	24	17	32	18
专业而有成就感(Y_2)	49	44	48	50	43	66	46
创造能力强(Y_3)	82	87	88	88	72	77	78
新的环境中有成长能力(Y_4)	22	22	20	20	19	22	23

由表4可知,在心理健康状况因素上,运动员己得分最高,心理素质比较好,其他人则表现一般。心理健康因素是由根源特质中的C、F,Q_4 决定的,心理健康状况是一切职业和事业成功的基础,心理不健康者,其学习和工作效率都会因此降低。因此,体操运动员在训练、生活中,应注意不断创造条件,进一步改善、提升自己的心理健康水平。专业而有成就感最突出的是运动员己,其他被试者的表现则比较一般。在创造力个性因素上,影响创造力的根源特征为B、E、M、Q_1、Q_2,A、F、N等因素,由表4可知,被试者的创造能力总体很强,其中,运动员乙、丙、丁呈高分特征,表现出较其他被试者更强的创造力,运动员戊得分较低,表现出创造力方面相对较弱,其他被试者则处于相对中等的水平。这说明体操在培养运动员创造力方面具有相当明显的作用,这与体操运动不断追求创新,不断求难、求美的项目特点是一致的。

综合被试者的个性根源特质特征、表面特质特征、双重个性特征和应用性个性特征,我们可以概括出七名被试者的个性心理特征(见表5)。

表 5　　优秀体操运动员的个性表现

	运动员甲	运动员乙	运动员丙	运动员丁	运动员戊	运动员己	运动员庚
个性化表现	聪慧、外向、乐群,好强敢为,精明练达,有时富于想象,易从主观愿望出发,略有焦虑感。	冷静寡言,聪慧,冒险敢为,富有创造力,对事敏感,易固执、忧虑,有焦虑感。	聪慧、自律、自强,冒险敢为,富有创造力,做事果断、独立,但敏感、易感情用事,喜欢从自己的主观意愿出发,狂放不羁。	外向、聪慧、好强,情绪稳定,做事果断、冒险敢为,富有创造力,做事积极、机警、果断、独立,但有时缺乏恒心,爱从自己主观愿望出发。	外向、活泼、乐群,冒险敢为,但有时易依赖别人或集体,敏感忧虑,有焦虑感。	外向、乐群,易与人相处,情绪稳定成熟,心理健康水平高(心理素质突出),专业成就感强烈,做事积极、机警,冒险敢为,有恒心,对自己要求较高,具有很强的适应性。	聪慧、乐群、自立,处事得体,有责任心,但有时易怯懦,有依赖感,保守、固执,有焦虑感。
共性表现	聪慧、活跃、冒险敢为、常有紧张感。						

总之,高水平体操运动员主要呈外向型性格,在个性中,聪慧、活跃、冒险敢为和常有紧张感是他们的共同特征;而在乐群、好强、富于想象、冷静寡言、遇事敏感、自律、自强、果断、易从主观愿望出发、做事积极、有依赖感、成就感强烈、情绪稳定、有恒心及固执等特征上,则具有明显的差异性。我们知道,运动员的行为控制离不开对运动员的个性把握,本研究后面所涉及的运动员的压力、激励等都将涉及运动员的个性问题,因此,准确把握高水平体操运动员的个性特征将会为后续研究提供依据。

第四章　提高优秀运动员的抗压能力

一、压力的概述

(一)压力的概念

斯蒂芬·P. 罗宾斯认为,压力(stress)是一种动态情境,在这种情境中,人体要面对与自己所期望的目标相关的机会、限制及要求,并且这种动态情境所产生的结果被认为是重要而又不确定的[①]。唐·荷尔瑞格等认为,压力是将特殊的身体或心理需求或二者强加于一个人身上的行为或情形的一个结果或对其作出的一般反应。换句话说,压力与一个人及这个人所处环境的相互作用有关[②]。李剑峰博士认为,压力是个体对某一没有足够能力应对的重要情境的情绪与生理反应[③]。关淑润认为,压力是指人们在对待那些自己认为很难对付的情况时,所产生的情绪上和身体上的异常反应[④]。郑晓明认为,压力是指个人对工作环境中新出现的或不良的因素作出的反应[⑤]。

综合以上压力的概念,我们发现,压力是一种个体感知和体

① [美]斯蒂芬·P. 罗宾斯. 组织行为学[M]. 北京:中国人民大学出版社,2000.

② D. 赫尔雷格尔,J. W. 斯洛克姆,R. W. 伍德曼. 组织行为学[M]. 俞文钊,译. 上海:华东师范大学出版社,2001.

③ 李剑锋. 组织行为管理[M]. 北京:中国人民大学出版社,2000.

④ 关淑润. 现代人力资源管理与组织行为[M]. 北京:对外经济贸易大学出版社,2001.

⑤ 郑晓明. 组织行为学[M]. 北京:经济科学出版社,2002.

验到的情绪反应，是个体在面对与自己所期望的目标相关的机会、限制及要求时，在情绪和身体上所产生的异常反应。“限制”会阻碍一个人去做自己想做的事，“要求”则会使一个人丧失所渴望得到的事物。当然，有压力不一定就不好，只要压力适宜，就会对人体产生积极、有价值的作用。

(二)压力的作用

压力对人体的作用是多方面、全方位的，具体可表现在以下几个方面。

1. 在生理方面

适度的压力会使人体的心率加快、呼吸频率增加，使人变得兴奋、激动和充满情绪。但过大的压力会使人体的血压升高、头痛，严重时还可以使新陈代谢发生紊乱。虽然高水平运动员在一定程度上能通过自身的调节，利用压力的积极作用和控制压力的负面作用，但随着压力的持续和强度的增大，运动员也会表现出明显的不良反应。

2. 在心理方面

适度的压力能使人的注意力集中，从心理上进行充分准备，并产生与成员进行合作的倾向。过大的压力则会使人对实际工作表现出不满意、紧张、焦虑、易怒、情绪低落。对运动员来讲，随着大赛的临近，压力感会由弱到强逐渐增大。运动员在压力感逐渐增大的过程中，会由起初的不经意到引起注意，再到重视和进行充分的心理准备。而一旦压力超出了运动员的承受范围，运动员的不满情绪则开始产生，由此会引起心理上的紧张、焦虑和变得难以自控。

3. 在行为方面

适度的压力能使人约束自身的行为指向规范所要求的方向，有利于凝聚力提高、团队精神增强和有效激发起拼搏的精神。过度的压力会使人说话的速度加快、情绪烦躁、失眠、工作效率降低，甚至厌食、嗜烟、嗜酒等。高水平运动员在高标准的群体规范约束下，即使压力过大也不会出现一致的不良行为表现，但有时会出现注意力不集中、反应迟钝、行动缓慢、嘴里不时会出现一些不文明的语言、动作到位率低、意识表现欠缺、动作失去节奏等现象,严重的还易与队员发生口角、饮食不佳、胡思乱想、发呆和睡眠失调等。

4. 在绩效水平方面

组织行为学的研究表明,压力与工作绩效水平之间呈倒 U 型关系,见图 5①。根据压力与工作绩效的关系,引起运动员心理和行为变化的主要原因,在很大程度上取决于压力的强度和持续的时间。压力的强度过大,持续的时间过长就容易引起运动员心理和行为的不良反应。一旦压力超出了运动员可承受的限制,就会影响训练效果,降低绩效水平。

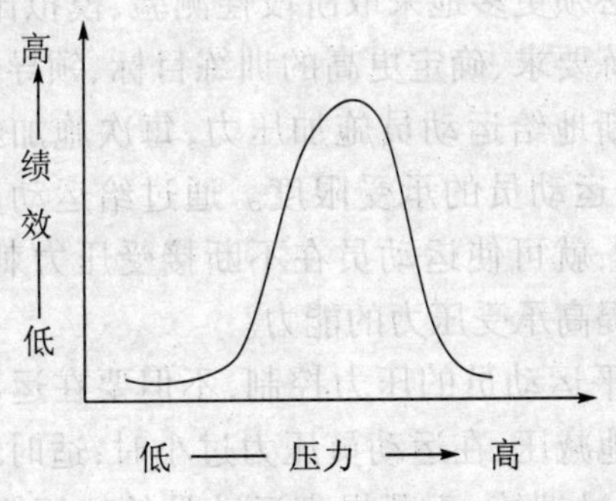

图 5　压力与工作绩效之间的倒 U 型关系

(三)优秀运动员压力控制的特点

高水平运动员的压力控制与一般意义上的压力调节具有明显的不同,通常情况下,人们所讲的压力调节,主要是指降低人们的心理压力,通过减压,使人们以轻松、愉快的心情面对生活和工作。而运动员的压力控制,则具有明显的职业特点。

1. 适时地加压与减压

适时地加压与减压是高水平运动员压力控制的特点之一。

① 边一民,等. 组织行为学[M]. 杭州:浙江大学出版社,1998.

我们知道,在比赛中,必须使运动员保持适宜的心理压力,压力过大或过小都不利于运动员技术的正常发挥,因此必须适时地加压或减压。加压主要是为了使运动员对压力环境产生适应,提高承受压力的能力。高水平运动员在大赛中需要承受的心理压力是巨大的,如何提高运动员适应大赛压力的能力,就是加压要解决的问题。减压主要是为了使运动员的心理压力保持在适宜水平,以有利于技术的正常发挥。

2. 不断提高运动员承受压力的能力

不断提高运动员承受压力的能力,是高水平运动员大赛前压力控制的又一显著特点。在训练中,教练员需要做的是如何提高运动员适应大赛环境和承受大赛压力能力的问题。为此,在赛前训练中,教练员必须更多地采取阶段性测验、模拟比赛、封闭实战性训练、提高训练要求、确定更高的训练目标、领导督战训练等各种方法、手段不断地给运动员施加压力,每次施加给运动员的压力强度都要超过运动员的承受限度。通过给运动员施加这种大强度的压力负荷,就可使运动员在不断接受压力刺激的过程中,产生生物适应,提高承受压力的能力。

总之,高水平运动员的压力控制,不但要在运动员的心理压力过大时,适时地减压,在运动员压力过小时,适时地加压,而且,更重要的是要通过训练,不断提高运动员的抗压能力,提高运动员适应大赛环境和承受大赛压力的能力,这就是高水平运动员的压力控制与一般意义上压力调节的最大不同。

二、影响优秀运动员压力形成的因素

高水平运动员压力形成的因素,通常来自于压力源。所谓压力源是指导致压力反应的情境、刺激和活动等,具体涉及高水平运动员生存的外环境(如社会制度、习俗、气候等)、内环境(如训练负担、训练条件、群体规范、角色定位、人际关系和成员构成等)和运动员个人因素(如性别、年龄、动机、经验、认知能力、抗压力能力及社会关系等)三个方面。

(一)环境因素

1.国家的需要

体育竞赛是显示国家的实力和水平,与各国交流,提升国际地位和影响力的有效手段之一,由此给运动员带来的使命感会使运动员产生责任感、压力感。从国家利益出发,需要运动员奋力拼搏、夺取奖牌,这是国家赋予运动员的使命。国家体育总局制订的《奥运争光计划》,正是为了使我国的奥运优势项目在世界大赛中通过取得更多的金牌来扩大影响,以引起世界各国的广泛关注,促进国际交往和友谊。为实现《奥运争光计划》,国家在财力、人力和物力等方面进行了大量的投入,为运动员提供了舒适的生活条件、完备的训练设备和优良的训练环境。国家的需要越强烈、投入越大,就会使运动员的压力感越大。如果运动员的比赛成绩不好,比赛的结果与国家的巨大投入不相当,其内心产生的惶恐不安的压力就会增大。通过对中国体操队的调查发现,由国家需要所产生的压力是无法回避的,也是所有压力源中最大、最直接的。

2.竞赛的金牌指标

金牌指标是运动队针对某一大赛夺取金牌数量的预期。可以说,金牌指标的确定,从形式上看是上级领导下达的指令,实质上,则是运动队根据自己实际情况对获取金牌预测的一种庄严承诺。金牌指标的数量决定着运动员心理压力的大小。如果金牌指标定得过高,超出了运动员的实际能力,就会给运动员心理造成不堪重负的压力感;如果金牌指标定得过低,运动员不需要大的投入即可完成任务,就会失去压力感。只有金牌指标既不脱离实际,又具有挑战性,才会使运动员产生适度的压力感。

(二)团队因素

1.运动员之间的竞争压力

高水平运动队运动员之间的激烈竞争,是大赛前运动员行为表现的一个典型特征。一方面,高水平运动队,如中国体操队、乒乓球队、射击队、跳水队、羽毛球队、举重队的运动员,个个都是世

界级的顶尖选手,由于参加大赛人数的限制,不是所有选手都能去参赛,因此,争取入选主力阵容,就成为赛前运动员竞争的主要焦点。通常,比赛越重要,运动员内部竞争就越激烈,特别是针对奥运会这样的重大赛事更是如此。另一方面,高水平运动队内部的激烈竞争还表现在,每一名运动员都时刻面临被新人替代的压力。像中国体操队、乒乓球队、射击队等高水平运动队,不仅顶尖选手的比例高,而且后备力量的培养也比较充沛。层出不穷的后备人才,给所有老队员都会造成明显的压力。事实证明,在这些高水平运动队,即使是有名气的选手都时刻面临着被新手替代的危险。因此,在这样的环境中,内部的竞争就会越发激烈,由此会给运动员带来较大的压力。

2. 运动队的生存压力

运动员的压力与运动队的生存直接相关。一方面,高绩效运动队可以有效减轻运动员的生存压力。但由于存在取得更好运动成绩的期望,又会给运动员造成较大的成就压力。在中国体操队、乒乓球队、射击队等高水平运动队,运动员所面临的生存危机感和不确定性处于较低水平,教练员和运动员的生存压力相对较低,但夺取金牌的压力则处于较高的水平。另一方面,低绩效运动队,运动员会因危机感而产生压力。即使是高绩效运动队,随着运动成绩的上下波动,也会给运动员带来危机感而产生压力。曾经五连冠的中国女排,曾多年在低谷徘徊;曾经获得奥运会亚军的中国女篮也不景气;中国田径女子中长跑有过辉煌,但又很快走向沉寂;中国体操队的发展,也有过同样的经历。由于运动队绩效水平的下降,特别是成绩的滑坡,会引起业内人士及媒体的各种议论甚至批评,由此造成教练员和运动员的心理压力是非常大的。20 世纪 70 年代中后期至 80 年代中期,中国体操队培养了包括马燕红、黄玉斌、李月久、李宁、童非、娄云等著名的世界冠军,曾经拥有过许多辉煌,但在 20 世纪 80 年代中后期的几年中,成绩有所回落,曾经是优势项目的跳马、自由体操成绩明显下降,一度走向低谷,此阶段无论是体操队领导、教练员还是运动员都承受着巨大的心理压力。在这种危机时刻，中国体操队的领导根据当时的情况，及时调整策略，招回了体操名将黄玉斌回队执教，以充实教练员队伍。在体操队的正确决策下，经过 3 年多的时间，不但使中国体操队走出了低谷，而且变得更加辉煌，先后又培养了樊迪、李敬、李春阳、李小双、黄力平、毕文静、李小鹏、刘旋、邢傲伟、黄旭、卢裕富、肖俊峰、郑李辉、董震等更多的世界冠军。在经历了成绩的起降之后，中国体操队进入了一个成熟稳定的发展阶段，由于运动成绩的不断转好，中国体操队的群体绩效达到了更高水平，教练员、运动员的生存压力处于最低水平，力争更多金牌的压力则日益明显。

3. 教练员的执教水平

教练员的执教水平高就会使运动员产生安全感、信任感，有利于运动员训练和比赛中心理压力的调节。一方面，在训练中如果教练员能准确把握项目的特征、掌握先进的训练方法和手段、对运动员的技术错误和心理变化能准确判断，就会有效控制运动员的训练进程和训练中的压力感。另一方面，教练员的执教风格会导致运动员心理压力感的产生。有些教练员的执教风格会给运动员以懒散、松懈、不求进取为特征的行为表现，使运动员对自身的前途产生危机感而形成巨大的心理压力；有些教练员会因自己的无知、对困难的束手无策，时常出现一些看似严格实则无理的武断、粗暴的行为方式，使运动员的心理过度紧张、产生恐惧和焦虑，在短期产生幻觉式的压力；相比之下，有经验的教练员会不时地采取严格和活泼相结合的方式，以科学性强、行之有效的手段，营造一种既紧张又宽松、既严厉又民主、既不循规蹈矩又卓有成效的训练氛围，使运动员保持适度的压力感。此外，如果教练员具备灵活、开拓的思维方式，就会加深与运动员之间的交流和相互理解，教练员提出的要求就容易被运动员所接受并得到贯彻，即使要求超出了合理范围，运动员也完全信任教练员会及时加以调整和采取补救措施，不会因为对教练员的不信任产生过大的压力。敢于承担责任的教练员，不但能提高自己的威信，而且

还能有效减轻运动员的压力感，而那些知错不改，把失误的原因推给别人，甚至一味地埋怨运动员的教练员，既缺乏民主性、灵活性和执教艺术性，又会给运动员造成压力。光明磊落，一身正气的教练员，能减轻运动员的压力，相反，则会误导运动员，建立起错误的道德标准，使运动员对事物的判断出现偏差，从而产生压力。总之，教练员的执教水平越高，其威信就越高，威慑力就越强。大赛前，运动员的心理压力会因为高水平教练员的一句话、一个表情、一个动作或手势得到有效缓解，也会因为高水平教练员的严格要求，增加适度的心理压力。

(三)个体因素

1. 家庭背景

据调查，我国许多高水平运动员均来自于工人、农民家庭。这类家庭的收入不高、生活不富裕，在经济上不能为孩子的发展提供足够的保障，而支持子女接受运动训练，则不失为其有效的选择。通常，具备这样家庭背景的运动员，多数会承受来自家庭和训练两方面的双重压力，不仅如此，有些运动员还要为改善家庭的经济状况或解决弟妹的读书问题，承担更大的责任。除此之外，他们还要忍受常人都会遇到的来自家庭的种种不幸。所有这些，都会增大这些运动员的身心负担，使他们产生较一般运动员更明显的压力感。这些来自不富裕家庭的运动员，虽然需要承受更大的压力，但他们所具有的尊老爱幼、互助友爱、坚强、刚毅、独立自强的共性特征，使他们较一般运动员更能承受训练之苦和来自多方面的压力，具有较强的抗压力能力。

2. 年龄

不同的运动项目，运动员出成绩的年龄段是有差异的。通常，射击、球类、田径等项目出成绩的时间较晚，运动员的年龄普遍较大，心理发育比较成熟，观察、分析和处理问题的能力较强，世界观也基本形成，其心理抗压力能力比较强，在同一情境中压力感相对较小。但就体操项目来讲，第一，运动员接受专业化训练的时间较早，年龄普遍较小，世界观还没有完全形成，依赖性比较强，面对问题时观察、分析和处理问题的能力较低，心理承受能力较差，容易产生压力感；第二，长期的艰苦训练，容易使年幼的运动员在身体和心理上积累起疲劳，产生压力感；第三，年龄越小的运动员，对家庭的亲情就越浓重，在这一情境下，家庭中的任何变故，如父母婚姻的破裂、亲属的疾病困扰甚至不幸、某种亲密关系出现矛盾、家庭经济的紧张等都会给运动员造成打击，从而产生沉重的压力感；第四，运动员年龄小，对复杂的人际关系、社会现象的认识和理解不到位，对发生在自己身上的一些不公平的事难以接受，也会产生明显的压力感。

3. 心理素质

运动员压力的产生与其心理素质直接相关。在同样的压力环境中，有的运动员会生机勃勃，而有些运动员则表现萎靡不振、心事重重。这种心理上的差异主要与运动员的个人认知、经验、个性表现有密切关系。

(1)个人认知

个人认知是潜在压力环境与运动员反应之间的一个中介变量。面对频繁的比赛，有的运动员认为比赛能带来挑战，通过多参加比赛可以有效地唤起激情，充分表现自己的能力或潜力，并且可以达到以赛促练的目的；有的运动员则会认为过多的比赛会带来更多的竞争，而竞争又意味着风险和压力，因此，会采取回避、退缩的方式来对待。这就是个人认知的差异性。因此，运动员潜在压力的产生不但取决于客观条件，而且还取决于运动员对这些因素的认知和诠释。

(2)运动员的经验

经验是一种有效的减压器。作为小运动员，在初进国家队时，都会感到紧张和充满压力，经过一段时间的适应后，则会变得比较放松，压力感减弱。究其原因，是因为在初进国家队时，国家队的环境对运动员来讲是全新的，这一新的环境会给运动员的心理造成压力，有时，这种压力会使一些适应和承受能力差的运动员产生畏惧反应。但随着时间的推移，当运动员对国家队的环境、教练员的训练风格、管理制度逐渐适应了以后,压力感会随之消失,这是经验逐渐积累后的自然反应。为使运动员在比赛中很好地发挥,提前到比赛地去适应环境、适应时差、安排赛前模拟训练等,就是为了达到积累经验的目的。在奥运会这样的重大比赛中,身经百战的运动员会做到旁若无人、表现镇静、遇事不慌、头脑冷静、随机应变,而缺乏经验的运动员则会显得焦虑不安、六神无主、不知所措,这也是经验在起作用。在国家队,那些承受不了巨大压力的运动员会主动退却或被淘汰,只有那些能够长期承受这种压力和具有丰富生存经验的运动员,才会有效调节自身的心理压力,坚持下来,最终走向成功。

(3)运动员的个性表现

运动员压力感的产生与其人格特质密切相关。属于内控型的运动员,往往会直面困难,并通过自己的努力来控制事态发展,在主动出击中,化压力为动力,表现出较强的抗压力能力;属于外控型的运动员,则会屈服于压力的存在,会避开困难,给困难让路,这样的运动员就容易产生压力;一个竞争心较弱、心事重重、对别人老是持怀疑态度的运动员,较精力充沛、竞争心强、不隐藏自己真实想法的运动员,有着更大的压力感;独立性差、依赖性强、意志品质薄弱、训练作风不过硬、缺乏良好的人际关系和协作精神的运动员,也容易产生压力。

4. 角色

角色的不同会使运动员产生不同的角色压力。角色压力是指运动员扮演特定角色带来的压力。在高水平运动队,角色压力的表现是多种多样的,属于领军地位的运动员,由于承担的责任大、任务重,角色压力要高于一般运动员;强弱项相似、技术特点相同、训练水平比较接近的运动员容易引起角色冲突,由于角色冲突会带来一些难以协调和难以实现的个人角色预期,从而会使运动员产生心理压力;运动员对于教练员过高的要求缺乏足够的应对能力,会因不知所措和角色过渡负荷引起心理压力。此外,训练或比赛的任务不明确,教练员提出的要求不具体,也会使运动员感到茫然或误解教练员的意图，由角色模糊引起压力。

5. 健康状况

伤病是高水平运动员时常要面对的现实问题。运动员一旦出现了伤病，不但不能正常训练，而且会因失去参赛、夺冠的机会而感到懊悔、遗憾、失望，从而引起心理压力，特别是大赛前发生的伤病，给运动员带来的压力是最巨大的。

6. 技术状态

(1)技术缺陷

对技术性强的运动项目，如果运动员存在技术上的薄弱环节，是非常致命的。如乒乓球、羽毛球运动员的反手技术差，不但在打反手球时不果断、不敢发力、出现频繁的失误，而且会给对手提供机会，抓住自己的弱点，穷追猛打；足球运动员的左脚控球能力差，在带球过人时，就容易被防守队员识破，在射门时，就会因为多一次的调整，丧失稍纵即逝的机会；体操运动员的偏项，会失去全能比赛的机会。任何一名高水平运动员存在的技术环节缺陷、偏项、掌握动作类型单一等问题，不但会影响运动员战胜对手的信心，而且会产生在薄弱环节上出现失误的担心，还没有上场，运动员就会因为缺乏自信和过分的担心，使心理压力加大。

(2)竞技状态不良

即使是顶尖级的高水平运动员，也不可能始终保持竞技水平的最佳状态。对运动训练中的这一现象，尽管大多数运动员都知道，但并非每一个运动员都能正视、接受和处理好这个问题。通常，运动员在竞技状态回落、运动成绩下降的阶段，因受失败、体力匮乏、技术失误或认为自己“老”了的思想变化的影响，会产生心理压力。一般来讲，年龄大、经验丰富、文化水平较高、运动技术水平突出的成熟运动员，对自身竞技水平的阶段性回落，能够正确认识，不会因一时成绩的下降，丧失继续训练的信心，他们会通过自我调整，在教练的帮助下，走出低谷，重新达到竞技水平的最佳状态。最具代表性的运动员有瑞典乒乓球名将瓦尔德内尔、原世界体操名将日本选手具志坚幸司、原俄罗斯名将霍尔金娜及

中国射击老将王义夫等都是如此。但对于年龄较小、缺乏大赛磨炼、职业素养不高、文化水平较低的运动员，很容易因竞技状态的起伏、运动成绩的下降，产生消极想法，引起心理压力，若再加上意志品质薄弱、认识和分析问题的能力不强，就更容易使压力扩大化。

综合来看，形成高水平运动员心理压力的因素是很多的，它们分别来自运动队的环境因素、团队因素和运动员个体因素三个方面。当然，这些因素对运动员的影响不是单一的，是综合和全方位的。使运动员产生压力感的，也不是单一压力源的作用，而是多种压力源共同作用的结果。因此，在分析高水平运动员压力产生的原因时，应综合进行考虑，只有这样才能更加客观和准确。

三、优秀运动员压力控制的原则

高水平运动员的压力控制是一个相当复杂的问题，控制得好则有助于运动员竞技状态的形成；控制得不好，则会使运动员从比赛一开始就会显得十分被动。要做到合理地控制运动员的心理压力，教练员就必须掌握压力控制的原则，具体有超强性原则、时机性原则、持续性原则和适宜性原则。

（一）超强性原则

超强性原则是指在训练中必须以超过运动员一般能承受的强度对运动员施加压力，以此来提高运动员的抗压能力。一般情况下，高水平运动员承受压力的能力不但远远高于普通人，而且也高于一般选手。因此，对于高水平运动员的压力控制，重要的在于进一步提高运动员的抗压能力，以适应大赛的要求。中国体操队在大赛前通过不断的提高训练要求、加大训练的负荷强度和利用团队内外环境因素的各种干扰，使运动员接受来自训练的、社会的、群体内部的和个人方面的压力。遵循循序渐进的原则，每一阶段的抗压训练，都会在强度和总量上超过以前运动员所承受的水平，通过一次次超负荷的抗压训练，有效地提高运动员的抗压能力。在 2000 年悉尼奥运会上运动员的出色表现充分说明了这一点。研究证明,采用超强性原则进行高水平运动员的抗压训练,通常在大赛前安排较为适合。这主要是因为,将要面临的大赛,其本身就会给运动员形成一种持续性的压力,加上社会的关注、媒体的宣传、群体规范约束力的加强、各级领导不断的亲临现场和运动员训练状态的不稳定性波动都会给运动员的心理形成巨大的压力,在此基础上,如果教练员再有计划地利用大赛前的实战性训练、阶段性测验、对抗性比赛的安排,通过超强负荷的训练和高标准的要求,就可以使运动员在生理和心理两方面的承压能力都达到新的高度,这正是超强性原则运用的最佳环境。

(二)时机性原则

时机性原则是指运动员的压力控制,必须根据运动员的情绪和行为表现及训练环境的变化,在恰当的时点上进行,以此发挥压力控制的最大效应。许多伤害事故,都是在运动员不紧张、没有压力的情境之下发生的。因此,在运动员思想出现松懈的情况下,不失时机地给运动员施加一定的压力,对于集中运动员注意力,保持身体的适度紧张度,对防止意外伤害事故的发生非常重要。反过来,过大的心理压力和体力透支,会在很大程度上削弱运动员的意志品质和自信心,使其产生恐惧感和惧怕心理,变得厌恶训练,此时,教练员应该做的是防止事态的恶化,及时采取减压措施。当然,在训练或比赛中,运动员情绪的波动会很大,且具有相当大的随机性。因为教练员对运动员个人的了解很难达到完全彻底,一封家信、一份情书、领导的一番话、朋友的一份情,都会作为自己的隐私回避教练员,而恰恰是这些不确定因素的作用,才使得运动员压力的产生具有不确定性。因此,教练员对运动员不确定性压力的控制很难做到预先计划,只能根据运动员一段时间、一次课或某一时刻的表现状态酌情进行。教练员对运动员压力控制的随机性,决定了教练员在控制运动员的压力时,必须根据情境变化把握时机,有效地采取加压或减压的措施,只有这样,才能做到准确、有效地控制运动员的压力。

(三)持续性原则

持续性原则是指在运动员的抗压训练中,给运动员施加的压力必须以一定的强度,在一定的时间段内持续作用于运动员,以提高运动员长时间承受压力的能力。通常,人长时间承受压力的能力要较一时承受大强度压力的能力弱,即使是高水平运动员也是如此。一般来讲,短时大强度的压力,高水平运动员都可以承受,但持续性的压力,即使强度不大,也会使运动员身心疲惫、情绪消沉、训练的惰性增加、积极性减弱,而变得难以应付。据此,教练员在运动员的抗压训练中,要有效利用压力的持续性作用,培养运动员承受压力的耐久性。例如,中国体操队在2001—2002年要面临东亚运动会、第九届全运会体操预赛暨全国体操锦标赛、世界大学生运动会、世界体操锦标赛、第九届全运会体操比赛、亚运会、世界杯体操赛及若干国际邀请赛,这种连续不断的大赛给运动员带来的压力是持续性的。运动员要适应连续参赛的要求,就必须具备承受压力的耐久性。

(四)适宜性原则

适宜性原则是指针对不同的训练阶段、运动员的个体差异、训练的即时环境、训练要解决的实际问题等,对运动员实施减压或加压的操作。减压有助于运动员保持平稳的心态,避免外界因素的干扰,可以有效地把注意力集中到动作要领上,有利于比赛中的正常发挥;加压有助于运动员兴奋、调动积极性、形成强大的参赛动力和背水一战的斗志。在训练中,许多教练员对于如何进行科学有效的减压很重视,手段也很多,但往往忽略加压的积极作用。实践证明,在恰当的时机给运动员加压比减压更重要,特别是对于高水平运动员更是如此。例如,为防止高水平运动员出现麻痹大意、轻敌、准备不充分、考虑欠缺等毛病,最有效的手段就是给运动员施加不同程度的压力。但是,是减压还是加压必须具体情况具体分析。

1. 针对不同的训练阶段

通常,在准备期,运动员的压力感会明显增强,但与比赛中运动员承受的压力相比，强度还相差很多，因此，通过连续安排大负荷强度的实战训练连续加压，以提高运动员对大强度比赛的身体和心理适应能力及耐压力，不失为明智之举。在竞赛期，总体上表现为增压与减压的交替运用，但在临近比赛的时段，通过适时地、阶段性地减压，使运动员积压已久的身心压力得以缓解，为后面的比赛积蓄心理能量，则显得更为重要。在调整期，运动员的压力水平较低，此阶段应以加压为主，其目的在于提高运动员训练的主动性和积极参与训练的动机水平。调整前期，以身心恢复为目的，重在调整，以减压为主；调整后期，以调动运动员的训练积极性为目的，重在适应下一阶段训练要求，应逐渐加大压力。

2. 针对运动员的个体差异

由于高水平运动员个体差异性的存在，对同一压力的承受能力和接受方式都会有明显的不同。对于某一运动员无法承受的压力，对另一运动员则能够接受；对某一运动员需要通过增压才能达到的效果，对另一运动员则必须采取减压措施。对于接受能力强、领悟程度高的运动员，施压的方式应比较柔和民主；而对于训练被动、理解能力不强的运动员，施压的方式就应具强制性。

3. 针对即时环境的变化

在充满紧张气氛的激烈竞争环境中，通常不易再给运动员施加过多的压力；而在运动员容易出现麻痹大意的环境下，则要时刻记住通过不断的施加压力来提醒运动员。

4. 针对训练要解决的实际问题

通常，要培养运动员的意志品质和过硬的训练作风，只有在施加压力的基础上才会有效；要缓解心理上的过度疲劳，必须适当减压；而要调动运动员的训练积极性，则应视情况既可通过加压来实现，也可通过减压来实现。

四、优秀运动员抗压训练的两个核心问题

高水平运动员的抗压力训练就在于不断打破运动员承受压力的限度，通过调节恢复到适宜的水平，然后再次加大压力的强

度,循环往复,使运动员承受压力的能力不断得到提高。研究发现,高水平运动员的抗压力训练主要应从两方面入手:一是营造压力环境从外部施压,具体包括发挥群体规范的作用、建立绩效标准、营造紧张气氛、设置挑战性目标、追求更高的生存地位;二是从运动员自身提高抗压力能力,具体包括提高运动员的专项能力、引导运动员角色认知、提高心理稳定性、树立自信心和寻求社会支持。

(一)营造压力环境(外部施压)

1. 发挥群体规范的作用

群体规范是指在群体内部,由群体成员共同建立起来的、被一致公认和接受的、有助于群体成员达成协同一致的行为准则。发挥群体规范的作用就是指在训练中,通过不断强化已建立的群体规范对运动员的约束力,实现对运动员的加压控制。研究表明,高水平运动队的群体规范对运动员训练行为的约束力是很大的,它一旦作用于运动员,必将会给运动员带来巨大的心理压力。在抗压训练中,中国体操队就经常利用群体规范对运动员施加压力,来约束运动员的训练行为。

2. 营造紧张氛围

(1)渲染大赛气氛

在备战大赛期间应重视训练环境和训练条件对运动员产生的影响。为此,可采取以下针对性措施。

①精心布置训练环境

可重新装饰世界冠军光荣榜,使其更具吸引力;可在墙壁上拉起国旗和备战横幅,增加训练的紧张气氛;可把所有训练器械调换成比赛用器械,以感受备战气氛;可公开展示每天的训练安排、要求及训练情况统计;可在玻璃窗上印上主力队员矫健的身姿,以增加运动员的荣誉感和责任感等。通过对环境的精心布置,能极大地增加备战前的紧张气氛,使运动员一进训练场馆就能产生紧迫感,以此增加运动员的心理压力。

②重新调整场地

可改变器械摆放位置、撤除吊在馆顶的保护带和场地中多余的辅助器械、垫子,安装空气除尘装置,定做阶梯看台等,使馆内整洁一新。通过场地的重新调整,可使运动员深深体会到备战大赛的重要程度,如果自己练不好将会无法面对运动队的良苦用心,以此可以给运动员的心理施加压力。

渲染大赛气氛是借助于多种促压因素对运动员施加压力的一种常用方法。

(2)权威人士濒临训练馆

权威人士主要是指令运动员敬畏、尊敬、崇拜、信服的,能引起运动员情绪变化且具有极高威望的行政领导、父母双亲、体育名人及专家教授等。权威人士的言行往往最能引起运动员的注意和重视,也最能对运动员产生威慑作用。例如,在中国体操队,体操管理中心主任总会亲临训练现场督战训练,其目的就在于引起运动员的压力感;大赛前,安排省市领导驻守国家队,也在于通过加强运动员的管理,给运动员施加压力。

(3)及时提供竞争对手的信息

让运动员及时了解主要竞争对手的训练状况,可以有效提高运动员的危机感,对运动员施加压力。中国体操队在备战2000年悉尼奥运会期间,主要针对俄罗斯、罗马尼亚等主要竞争对手的训练状况,通过各种渠道收集信息,并及时让运动员了解对手的训练进展。

大赛前,这些促压力因素给运动员形成的压力具有叠加效应,综合作用于运动员就可以造成适度的心理压力。

3. 设置逐级上升的阶段目标

大赛前,运动员训练目标的设置是分阶段的,每一个阶段训练目标的标准是不同的。设置逐级上升的阶段目标,是指每一个阶段目标的标准总要高于前一个阶段性目标,形成逐级上升的趋势。这种方法,可以使运动员在每过渡到一个新的训练阶段,都要为实现高一级的训练目标接受更大的挑战,承担更大的压力。

越是临近比赛,训练目标的标准应越高,这种上台阶式的目标设置会逐渐加强对运动员的作用,形成持续性的加压效果。中国体操队在备战 2000 年悉尼奥运会期间,逐级上升的阶段性目标设置见图 6。中国体操队从 2000 年 1 月到 9 月,把训练分为了六个小阶段,在六个阶段中,训练目标的标准是逐级提高的,由冬训阶段的强化专项身体素质训练,到准备期的大负荷成套动作训练,再到竞赛期的极限强度的实战训练,使运动员的阶段性训练目标从身体动员开始,到解决动作连接问题、提高成套动作成功率、强调动作质量,再到最后的第一套成套动作必须成功、确保落地站稳和出动作“精品”等,一步一步提高标准,使运动员接受一次比一次严峻的挑战,直到比赛。运动员在接受一次次的挑战中,随着压力的逐渐增大,承受压力的能力也在不断提高。

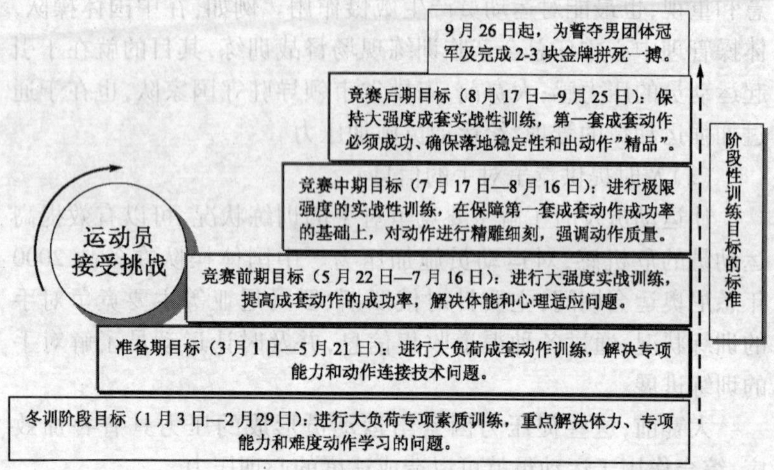

图 6　中国体操队备战 2000 年悉尼奥运会的阶段性训练目标设置

这里我们要指出的是,每一个阶段性目标的设置都必须具有挑战性,即要设置挑战性的阶段性目标。设置挑战性目标就是指运动员根据运动队的成绩标准,客观地给自己设置必须经过努力才能达到的训练目标。首先,运动员训练目标的设置必须与运动队的成绩标准紧密相连,也就是说运动员训练目标的设置必须符合运动队总目标的要求,只有这样运动员训练目标的设置才具现实性和可行性,违反了这一前提条件,运动员设置的训练目标就得不到认可。其次,运动员设置的目标要具有可能和挑战两重性,既要具有可能性,又要富有挑战性,只有这样才会对运动员产生作用,形成压力。只有是可行性的目标,才会使运动员在努力中看到目标临近,才会进一步调动运动员的积极性,使其增加投入的力度。当然,只具有可能性而缺乏挑战性的目标则缺乏足够的动力,无法调动运动员的积极性。只有具有挑战性的目标,才会对运动员构成真正的压力。

4.提出“步步紧逼”的训练要求

“步步紧逼”的训练要求就是指教练员根据压力的叠加效应,在训练中通过给运动员不断提出更高的动作规格,逐级增大运动员的心理压力的更高的训练要求。压力的叠加效应是指采取多种加压手段,从多角度、全方位同时对运动员施加影响,形成压力的叠加,从而不断加大运动员承受压力强度的效果。组织行为学的研究证明,引起人产生心理压力的诱因不是单一的,应当是多种诱因综合作用的结果。那么,在训练中,教练员对运动员进行抗压训练,也应当充分考虑到压力产生的可加性,即叠加效应。单一因素一次性诱发的压力,对高水平运动员来讲,是比较容易承受的,也就是说,单一因素一次性诱发的压力很难突破运动员承受压力的极限。如果某一因素二次、三次或多次持续不断地影响运动员且强度呈递增趋势,或者由多种压力因素共同作用于运动员,就会给运动员带来足够的心理压力,突破其心理压力承受的限度,也只有这样才能使运动员的心理抗压力能力得到有效提高。

(1)不断提出严格的训练要求

在训练中,教练员通过对运动员的技术和动作质量不断提出苛刻的要求,特别是在运动员自我感觉良好的时候,指出运动员的不足,不断诱导运动员进一步努力,持续地给运动员施加压力,形成压力的叠加效应。我们知道,任何运动员都有自己的弱点,

即使是高水平运动员也都有许多不足之处。在训练中，教练员可以针对每一名运动员的不足，以高标准、严要求迫使运动员加以改进。

(2)练就运动员的“绝活”，要不讲情面

我们知道，如果高水平运动员没有自己的特点，在技术和动作质量上不练出“绝活”来，是无法在大赛中达到克敌制胜的。运动员要练出“绝活”，必须要付出代价，无论在身体上，还是在心理上都要做出最大的努力。运动员的“绝活”往往都是被“无情”的教练员“逼”出来的，“逼”运动员就是要对运动员的训练不讲情面，以“铁石心肠”苛刻地进行要求。“逼”就是要给运动员不断地施加压力，迫使运动员在压力之下，练就“绝活”。运动员在练就“绝活”的过程中不断地经受磨炼，其心理承受压力的能力自然会得到提高。

(3)迫使运动员作出承诺

迫使运动员作出承诺是指通过外力的作用，利用高水平运动员信守诺言的品质，迫使运动员对训练努力的程度作出口头或书面的保证，不给自己留退路的一种施加压力的方法。我们知道，高水平运动员通常都具有极强的自尊心和争强好胜的品质，在运动队中具有良好的形象，特别是身为世界或奥运会冠军的选手更是如此，一旦他们对训练目标作出了承诺，总会倾尽自身的最大努力去实现诺言。当然，承诺的作出并非易事，特别是在大赛前艰苦的备战当中，在身心极度疲惫的状态下，任何优秀的运动员都会产生惰性，降低对训练作出承诺的主动性。此时，为了克服运动员的惰性，加大运动员的训练投入程度，有必要借助外力强迫运动员作出承诺，在运动员的心理上形成背水一战的压力。

总之，利用压力的叠加效应就是从全方位、多角度采取多种方法对运动员施加压力，从而使运动员提高承受压力的能力，通过运动员对压力的心理、生理适应，逐渐提高抗压能力。当然，这里需要指出的是，当运动员承受的压力足够大时，出现情绪失控、厌练、技术发挥失常、心情消沉、注意力不集中等不良现象是很自然的，但是这种现象绝不能持续太长的时间，否则，不但达不到提高运动员抗压能力的目的，而且会对正常的训练产生极为不利的影响。因此，在抗压训练中，把施加给运动员的压力控制在适度的范围内是非常必要的。同时，也要防止出现无视运动员的身心反应，不讲科学地对运动员强加过多的要求或让运动员接受太多的干扰，在运动员无法忍受的情况下，继续施加“压倒骆驼的最后一根稻草”，因为这种做法是非常不明智的。

5. 采用“同命相连”的“奖惩”手段

“同命相连”的“奖惩”手段是指对达不到训练要求的运动员，提出由其余运动员陪罚的附加条件，把达到训练要求的运动员与达不到训练要求的运动员的命运拴在一起，由此给运动员施加压力的一种方法。这一施压方法对于解决个别运动员的训练难点和心理问题特别有效，在实施中最好是利用多数运动员的群体压力对问题运动员进行施压，其效果会更好。

6. 追求更高的生存地位

追求更高的生存地位是指运动队之间或运动员之间为争夺生存空间，由相互竞争而引起心理压力的方法。作为高水平运动队，在大赛中的成绩越好，为国争得的荣誉越多，产生的社会影响力就越大，也就会赢得全社会的关爱、支持并受到国家的重视。中国体操队、中国乒乓球队、中国射击队、中国跳水队、中国羽毛球队等高水平运动队，虽然项目不同，但是相互之间的竞争也是相当激烈的，在世界大赛中，他们彼此不甘落后，都在努力成为夺取金牌大户，为祖国争得更大的荣誉，同时也为自己赢得同行和社会的尊敬，提升地位。这种追求第一，不甘落后的行为会给高水平运动队带来竞争压力，这种运动队的压力会转移给运动员，使运动员产生心理压力。另外，在每一个高水平运动队内部，运动员之间也存在着激烈的竞争，倡导运动员之间的竞争，在竞争中共同提高也是高水平运动队调动训练积极性、激发上进心采取的通用做法。作为运动员来讲，谁能成为队里的主力，谁能在大赛中首选上场，在比赛中发挥自身不可替代的作用，那将是非常荣幸的事,为此,运动员都会尽自己的最大努力,充分展现自身的潜能和实力,以引起教练员的重视,得到重用。由运动员之间竞争引起的心理压力在高水平运动队中是非常明显的。因此,高水平运动员的抗压训练,可以借助追求更高生存地位的竞争,给运动员施加压力。

(二)提高运动员抗压能力(内部抗压)

1. 提高运动员的专项能力

提高运动员的专项能力主要包括完善运动技术、提高专项身体训练和比赛能力三个方面。"运动技术"是指运动员运用自身的身体能力,合理、有效地完成动作的方法①。完善运动技术就是使运动员掌握完美的运动技术,为获得良好运动成绩创造条件。"专项身体训练"是指以发展专项的特殊需要的身体能力为目的的身体训练②。专项身体训练的目的是根据运动项目的特点和要求进一步发展运动员专项所需要的身体能力。专项身体训练是提高运动成绩的关键,运动员专项身体训练水平的提高,有助于运动员在训练中承受更大的负荷。在高水平运动员的心理抗压训练当中,努力改善运动员的运动技术水平和专项身体训练水平旨在通过提高运动员的实力,增强运动员的自信心,从而有效提高运动员勇于面对困难、压力的能力。俗话说,"艺高人胆大",就是这个道理。

关于"比赛能力",笔者认为是指运动员在比赛中表现出应有训练水平的能力。比赛能力的强弱与运动员的个性特征、心理能力、智力能力及专项能力等多种因素有关,要提高运动员的比赛能力特别要抓好运动员的心理能力训练和智力能力训练。通过改善运动员的心理状态提高运动员的比赛能力,已成为广大教练员普遍运用的方法,但对通过改善运动员的智力水平提高运动员比赛能力的意义还认识不足。智力能力是保证人们成功地进行

① 体育院校通用教材编写小组.运动训练学[M].北京:人民体育出版社,2000.
② 体育院校通用教材编写小组.运动训练学[M].北京:人民体育出版社,2000.

某种实践活动的相对稳定的心理特点的结合，它包括组织能力、计划能力、操作能力、适应能力、创造能力等因素[①]。对于高水平运动员来讲，如何提高独立操作能力和对环境的适应能力是影响比赛正常发挥的关键因素。独立操作能力强的运动员，通常具有较为强烈的责任感和勇于面对压力的勇气，这样的运动员愿意为运动队承担更多的义务和承受更大的压力。相反，依赖性强、缺乏主见和责任感的运动员，不但易受外界因素的影响，显得心事重重，而且，不愿承担压力过重的任务。适应能力强的运动员不易受外界影响因素的干扰，能有效地把注意力集中到动作要领上，对外界的压力可以做到触而不觉。

总之，完善高水平运动员的运动技术、提高专项身体训练和比赛能力是增强运动员抗压能力的有效手段。专项能力越强，运动员就越能排除外界不利因素的干扰，增强自信心，勇于面对困难、克服困难，显示出较强的抗压能力。因此，在高水平运动员的抗压训练中，教练员应努力提高运动员的专项能力，重视运动技术和专项身体训练，重视通过心理和智力因素提高运动员的比赛能力。

2. 引导角色认知

引导运动员进行正确的角色认知，就是要避免运动员出现角色模糊，明确自己的角色定位，并通过树立具有挑战性的奋斗目标，正视压力的存在，在增强自信心和激发训练动力的基础上，提高对压力的承受能力。中国体操队历来重视引导一线运动员进行正确的角色定位，主要是通过大力培养和重视挖掘新人的作法，使一线运动员具有强烈的危机感和压力感。多年来，中国体操队二线队伍的培养，为选拔主力队提供了相当大的空间，形成了后备人才不断涌现、有效推动一线队伍不断提高的后浪推前浪的培养模式。一线运动员清楚地认识到，只有进行正确的角色定位，忘掉荣誉，从零开始，不断提高对自己的要求才能不至于被新

① 体育院校通用教材编写小组. 运动训练学[M]. 北京：人民体育出版社，2000.

人替代。为确保自身的主力地位，必须全力以赴地接受严格的训练，并为实现更高的奋斗目标，加大训练的投入力度。

3. 提高心理稳定性

提高心理稳定性就是指通过各种手段有意识地对运动员的心理过程施加影响，以确保在训练和比赛中保持良好的心理状态，做好各种心理准备。对高水平运动员来讲，心理稳定性越高，对训练和比赛的心理准备就越充分，就能为自如应对各种不利情况提供心理方面的保障。

(1)保持积极向上的情绪

我们知道，大赛前的封闭式训练是艰苦的，训练的节奏是单调乏味的，由于长时间持续性的训练，往往会使运动员感觉到枯燥，加之超负荷的训练，会进一步加重运动员的身心疲劳感。运动员在身心俱惫、情绪低落、反应迟缓的状态下，自然会产生厌烦训练的反应，导致运动员自信心降低，承受大赛压力的能力减弱。针对这一情况，在训练中通过不断地变换训练组织形式、适时安排趣味性练习、增加有意义的休闲活动等，对缓解运动员的心理紧张、调节情绪、缓解疲劳、提高运动员大赛前的抗压能力是非常重要的。

①变换训练组织形式

在训练中，不断变换训练组织形式，给运动员以新鲜感，提高运动员的训练兴趣，以使运动员在训练的同时，尽情享受由训练带来的快乐，缓解身心疲劳，提高对压力的承受能力。

②适时安排趣味性练习

适时安排趣味性练习是指教练员在训练中运用各种方法，如使用趣味性的语言，播放轻松愉快的音乐，增添游戏等手段来调节训练的气氛，放松运动员的心情，变换运动员训练节奏的做法。中国体操队总教练黄玉斌就经常在训练中运用生动、形象的比喻词语来调节运动员的情绪，如在 2000 年备战悉尼奥运会期间，在一次训练课中陆×即将进行成套实战性训练之前，就曾以轻松、幽默的口气问陆×："今天是'牛市'还是'熊市'？"(借用股市用语）陆×咧嘴一笑说："在我这里只有'牛市'，没有'熊市'"。像这样既轻松又具有深厚内涵的针对性言语表达，不但可给运动员以新异刺激，而且，可以引起运动员深入思考教练员的意图。黄玉斌总教练类似的比喻词语还有"火爆"、"萧条"、"轻松"及"钢铁是怎样炼成的（比喻训练要像炼钢一样，要经过千锤百炼才能成功）"等。另外，音乐具有强烈的感染力，中国体操队经常在练习时播放轻音乐以营造轻松、活泼、愉悦的气氛，以减轻压力。

③增加有意义的休闲活动

在如何利用休闲活动调节情绪方面，许多著名的运动员都有深刻的体会。如著名体操运动员、奥运会冠军获得者涅莫夫讲到："情绪不好时，我从来不表现出来，总是尽量克制。在家乡陶里亚蒂，我会沿着伏尔加河岸漫步，眺望无边无际的水面，要么看汤姆·克鲁斯主演的精彩、惊险的电影，要么尽快回家，就当什么事情也没有发生。如果上述方法还无法赶走灰色情绪，我就和妻子坐下来，海阔天空地聊上几个小时。这种方法非常有效。"俄罗斯著名体操运动员邦达连科讲到："当我心情不好时，我的方法是尽量让自己繁忙起来，不让坏心情有立足之地，我会去散步、听音乐、看书，等等。"著名花样游泳运动员佩尔欣娜讲到："心情不好的时候，我会到家旁边的森林里散步，通常散步一个小时，我就会重新有副好心情了。"中国体操队在备战 2000 年悉尼奥运会期间，曾安排过踏青、参观革命圣地、游览风景点、参加企业赞助活动（飞亚达、乐华等）及非竞技性挑战赛（李宁杯体操单项争霸赛等）活动。如 2000 年 7 月 27 日上午，为了使运动员尽快摆脱连续大负荷训练带来的心理疲劳，教练员有意识地安排了户外活动，让运动员在田径场的草地上戏闹、游戏、散步、谈天，并安排了照相等活动，其目的就在于充分利用户外的空气、阳光，放松运动员的心情，缓解其心理压力。

实践证明，新颖的训练组织形式、趣味性强的训练手段及轻松的休闲活动，可以使运动员在接受艰苦训练的同时，充分享受训练带来的快乐。这种快乐可以有效缓解运动员的紧张情绪，使

其始终保持训练的热情，增强克服困难的决心，提高承受压力的能力。

(2)强化运动员对成功经历的体验

强化运动员对成功经历的体验，是指通过情境想象和自我暗示等心理训练手段，使运动员获得成功的潜在意识不断加强，在对以往成功经历的回放和对成功后获得巨大荣誉情境的假想中，调动身体的潜能，增强克服压力的动力，产生为获取成功而拼死一搏的斗志。大赛前，教练员可以充分运用情境想象、自我暗示等方法，对运动员的情绪进行调节，做到克服训练中的困难、增强意志品质、提高自信心和防止外界干扰，其结果必然会使运动员的抗压能力得到增强。中国体操队在对运动员进行心理强化训练、提高运动员抗压能力方面，要求运动员要不断地想象给自己留下深刻印象的以往大赛中的胜利情境、克服困难时的心理感受、受到热烈欢迎时的无上荣誉感；要用“钢铁是怎样炼成的”这句话时刻暗示自己要具有钢一般的意志和铁一般的身体；在极度疲劳时，要把自己想象成一头蛮牛，浑身是劲，不断向前冲。实践证明，这些想象和暗示，有效地增强了运动员的意志品质、培养了运动员的训练作风，达到了提高运动员抗压能力的目的。

(3)安排模拟训练

“模拟训练”其实就是指通过模拟比赛环境和条件进行训练的一种方法。模拟训练是大赛前训练安排的最常用方法，通常包括模拟对手的主要技术特点、模拟比赛的气候和环境、模拟比赛场地等。大赛前，模拟训练的安排越逼真就越能给运动员以真实的大赛体验，通过听觉、视觉和触觉对紧张气氛的感受，引起紧张感，产生压力。中国体操队大赛前的模拟训练安排通常包括适应比赛用器械、模拟比赛项目顺序、模拟比赛出场顺序、安排阶段性测验、模拟比赛气氛、模拟突发事件及外界干扰等，以使运动员在经历准大赛环境的同时，保持注意力的高度集中和心理的紧张度，提高对压力的适应能力。

4. 树立自信

训练中运动员存在的问题是各不相同的，有技术问题，有能力问题，还有心理问题。实践证明，运动员对于自己存在的问题，如果能在教练员的帮助下得以解决，是最欣慰的事，与此相比，其他任何的压力控制措施都会显得无力。因此，抓住运动员训练中存在的问题，有效地加以解决，会使运动员如释重负、心情愉快，增强克服困难的信心，提高对压力的承受能力。

5. 寻求社会支持

寻求社会支持是指帮助运动员与队友、教练和上级领导保持融洽的关系，促进相互间的交流、加强沟通、增进相互理解，使运动员在心理上获得来自各方面的支持，以提高承受压力能力的方法。研究表明，社会支持有助于人的心理压力调节。在充满巨大压力的环境中，懂得寻求社会支持的运动员，就容易与队友、教练员或领导保持融洽的关系，赢得最大的支持，从而会使运动员在高度紧张的训练和比赛中，提高对压力的承受能力。对于那些独来独往、不善解人意和缺乏同情心的运动员，对于那些不善于与教练员交心、与队友交朋友的运动员，必然会失去队友的支持或受到队友的冷落，当然也就无法通过寻求领导、教练、队友的支持，达到提高抗压能力的目的。

高水平运动队的集中管理和协调一致的行动，使得运动员与社会、家庭接触的机会非常有限，即使是春节，运动员也无法与家人共度，日常接触最多的是队友、教练和上级领导。大赛前，由于运动员会受到各种因素的干扰，易出现思想问题，导致情绪低落或变得情绪化，使心理承受能力减弱，影响训练和比赛的正常进行。为此，有效加强运动员之间、运动员与教练员之间、运动员与领导之间的交流，就成为运动员解决思想问题、排遣忧郁心情、缓解紧张情绪、调节心理压力的有效途径。因此，大赛前教练员要充分发挥社会支持对运动员的心理调节作用，有意识地提供运动员与队友、教练、领导和家人进行思想交流的机会，从中及时发现运动员的思想问题，并使运动员在与他人的情感交流中，通过寻

求支持和理解，使不满情绪得到宣泄，正常心态得以恢复，从而提高运动员心理承受压力的能力。

综上所述，高水平运动员的抗压力训练应主要从两方面入手：一是通过发挥群体规范的作用、营造紧张气氛、设置挑战性目标和追求更高的生存地位等主动营造压力环境；二是通过提高运动员的专项能力、引导运动员进行正确的角色认知、提高运动员的心理稳定性、树立运动员的自信心和给运动员以社会支持，以提高运动员承受压力的能力。营造压力环境是进行抗压训练的基础，没有一个充满压力的训练环境，就无法让运动员适应压力，接受压力。而抗压训练，不仅仅在于对压力环境的适应，还在于从运动员自身的角度提高承受压力的能力，只有这样才能有效地提高运动员的抗压能力。

第五章　做好大赛前优秀运动员的激励工作

一、激励概述

(一)激励的概念

美国圣地迭戈州立大学著名的组织行为学权威斯蒂芬·P.罗宾斯认为,激励是为通过高水平的努力实现组织目标的意愿,而这种努力以能够满足个体的某些需要为条件①。中国诸多学者对激励也有过定义,孙时进等认为,从广义而言,激励就是激发动力的意思,是通过管理工作创设一定的条件,激发起被管理者实现工作目标的积极性、主动性和创造精神②;边一民等认为激励是影响与工作背景有关的行为(涉及生产率的活动及其他会对人产生影响的行为)激起、引导和保持的条件③。

概括不同学者对激励的定义,“需要”是激励的前提,是激励存在的基础,人没有需要也就谈不上激励;“目标”指明了被激励者的行为指向,是激励对被激励对象发生作用的引导方向;“管理者的设计”指明了被激励者行为的方式;“被激励者”指明了激励的对象。其中,“管理者的设计”是以被激励者的“需要”是否达到满足为条件的;满足被激励者的“需要”是以“行为目标”的实现为前提的。综上所述,我们得知,一般意义上的激励是指为满

① [美]斯蒂芬·P.罗宾斯.组织行为学[M].北京:中国人民大学出版社,2000.

② 孙时进,等.管理心理学[M].北京:立信会计出版社,2000.

③ 边一民,等.组织行为学[M].杭州:浙江大学出版社,1998.

足被激励者的需要，在管理者的设计控制之下，通过唤起被激励者的动机和高水平的努力，以实现目标、获取满足的过程。运动训练过程中的激励主要是指为了满足运动员的需要，在教练员有目的的控制之下，通过唤起运动员的动机和不懈的努力，实现期望目标，获取满足的过程。

（二）激励理论的概述

以需要缺乏为驱动力的激励机制是所有激励模式的基本原理。不同的心理学派将激励理论分为行为主义激励论、认知学派激励论和综合激励论。根据心理学研究激励侧面的不同及与其行为关系的不同可把激励理论归纳为内容型、行为型和过程型三类。其中，内容型激励理论是以动机的激发因素为主要内容进行研究的，又称为需要理论，主要观点是：需要是激励过程的起点，是人心理与行为的内在动力，主要理论有马斯洛的需要层次论、赫茨伯格的双因素理论、奥尔德弗的“生存、相互关系、成长”（ERG）理论、麦克利兰的成就需要理论；过程型激励理论着重研究从行为动机的产生到行为的产生、发展、变化这一过程中的人的心理活动规律，阐述如何通过心理激励使人的行为积极性维持在一个较高的水平上，主要理论有弗罗姆的期望理论、亚当斯的公平理论和洛克的目的设置理论；行为型激励理论研究的重点是行为，基本原理是“刺激—反应”模式，其任务是从刺激来推测反应或从反应来推测刺激，代表性理论有斯金纳的“强化”理论，即从人的行为与客观环境的相互关系中寻找改造人的方法，它强调通过控制刺激外部环境中人的行为的外在目标和行为结果的奖惩来改变人的行为①。

以上诸多激励理论的研究，只是从不同的角度对激励过程进行的不同层面上的探讨，实践中的激励并不能简单地通过其中的某一个理论就可以得到圆满解决。对此，斯蒂芬·P. 罗宾斯对诸

① 边一民，等. 组织行为学[M]. 杭州：浙江大学出版社，1998.

多激励理论进行了整合，提出了当代激励理论的整合模式，见图7[①]。这一模式的提出使得繁杂的激励理论简单化了，其重要意义就在于从认识上解放了应用者的思想，从行动上放开了应用者的手脚，使得人们在运用中不再被考虑采用哪一条理论进行激励所困扰，只需要针对实际问题，以激励对象为中心针对性加以解决，这也为教练员对运动员的激励提供了更大的空间和可回旋的余地。

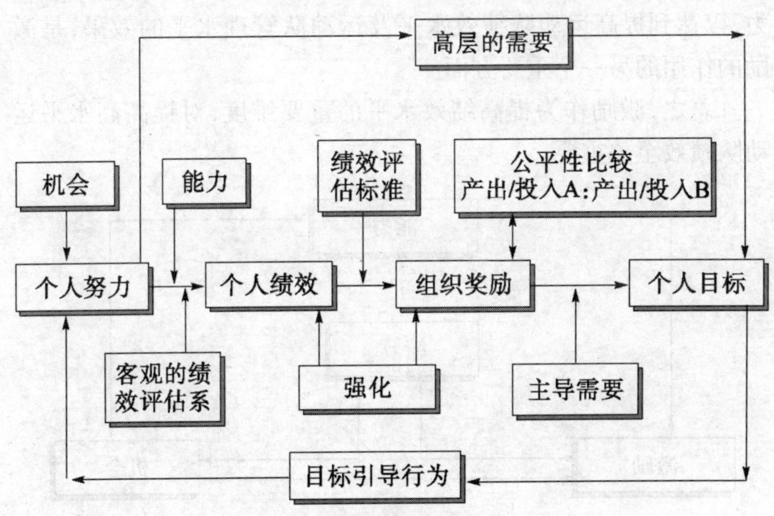

图7　当代激励理论的整合示意图

(三)激励的作用

激励是人力资源管理中最关键也是最难解决的问题之一。激励是激发人的动机，诱导人的行为，发挥人的内在潜力，促使人们为实现所追求的目标而努力的过程，因此，要想最大限度地调动人的积极性，就必须有意识地运用激励手段。

从个人绩效的角度看，斯蒂芬·P. 罗宾斯把个人绩效与激励的关系用一个简单的公式进行表达，即：绩效 = F(能力 + 激励 +

① ［美］斯蒂芬·P. 罗宾斯. 组织行为学［M］. 北京：中国人民大学出版社，2000.

机会),见图8[①]。由绩效维度示意图可以看出,激励作为个人绩效的维度之一,对提高个人工作绩效起着不可替代的作用。对于高水平运动员,个人绩效的提高同样遵循这一规律。

从组织管理的角度看,团队绩效水平的高低不仅取决于团队成员个人绩效的好坏,更大程度上取决于团队成员之间协作后的个体绩效的功能放大作用。那么,高水平运动队如何通过对运动员个体和运动队集体的激励,激发运动员为实现运动队目标而努力,以达到提高运动队绩效水平及运动队管理水平的效果,是激励的作用的另一个重要方面。

总之,激励作为提高绩效水平的重要维度,对提高高水平运动队绩效至关重要。

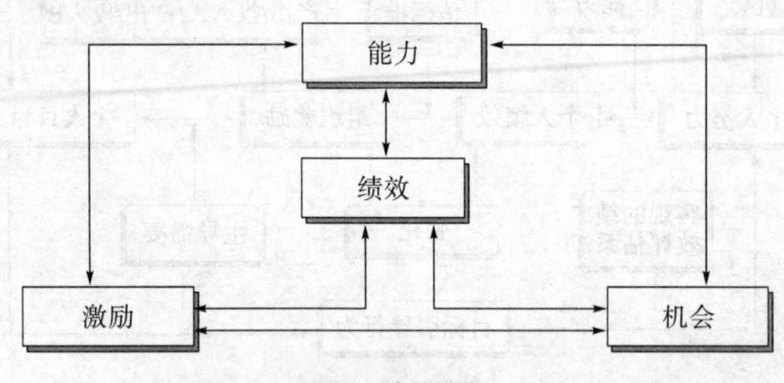

图8 绩效维度

二、影响优秀运动员的激励的因素

影响高水平运动员的激励的因素是多方面的,归纳起来可概括为三个方面:一是来自于运动员行为过程的因素,主要涉及运动员的需要、运动员的训练动机和运动员要达到的训练目标;二是来自于运动员个性方面的因素,主要是运动员的个性差异;三是来自于激励机制的因素,主要涉及激励的目的、激励的时机、激

① [美]斯蒂芬·P.罗宾斯.组织行为学[M].北京:中国人民大学出版社,2000.

励的频率、激励的程度和激励的手段等。具体来看，运动员的需要有精神方面的，也有物质方面的，教练员只有准确把握运动员的需要，并帮助运动员及时地满足其需要，才能有效激发运动员的训练积极性。动机是为实现一定目的而行动的原因。恩格斯指出："就个别人说，他的行为的一切动力，都一定要通过他的头脑，一定要转变为他的愿望的动机。"①引导和保护运动员的合理动机，可有效激励运动员的训练热情，使运动员在训练活动中表现得更加努力。目标是行为所要达到的预期结果，是满足人的需要的目的和引发动机的外部条件。高水平运动员的目标可以是完成训练、比赛任务，也可以是获得地位感、荣誉感、成就感和参与感。确立合理的目标，并以目标来指引和调节运动员的行为，就可以激发起运动员的训练热情。

个性是指处于一定社会条件下的个人所具有的稳定的、经常表现出来的个性心理倾向和个性心理特征的综合。个性决定着人的行为方式，对个性的准确把握将有助于通过激励控制人的行为。因此，大赛前运动员训练行为的控制，可以在准确把握运动员个性的基础上，通过对运动员的有效激励来实现，运动员的个性对激励效果起着直接影响作用。

激励的目的在于激发人的积极性，使其为实现目标而努力奋斗。只有明确了激励的目的，才能实施有效的激励。除此之外，还要掌握好激励的时机、控制好激励的频率和程度。从训练角度看，激励时机是指教练员对运动员进行激励的时刻，激励的时机选择恰当，就能最大限度地发挥激励的作用，否则，将不会达到预期的效果。激励频率是指在单位时间内所给激励的次数。实践证明，并非是激励频率越高，激励效果就越好，有时过高频率的激励反而会降低激励的效果。激励程度是指激励强度的大小。超出运动员期望值过高的物质或精神激励不但不能激发运动员继续努力训练，反而会使运动员沉醉于荣誉当中不思进取，因此，激

① 马克思，恩格斯. 马克思恩格斯选集：第四卷[M]. 北京：人民出版社，1987.

励程度的恰当与否将直接影响激励的效果。

三、对优秀运动员进行激励的原则

组织行为学认为激励的原则包括物质激励与精神激励相结合原则、正面激励为主原则、针对性原则等①。张忠秋在对高水平运动员激励理论的研究中,根据高水平运动员竞技活动的特殊性,提出了对高水平运动员进行激励的七个基本原则:精神激励根本性原则、物质激励同步辅助性原则、及时促进需求体系发展性原则、个人兴趣充分利用性原则、激励价值公平性原则、激励内容系统性原则和伦理道德可接受性原则②。笔者在前人研究的基础上,结合当前对高水平运动员的激励特点,提出了适应时代发展的高水平运动员激励六原则:满足性原则、互补性原则、针对性原则、目的性原则、即时性原则和多样性原则。

(一)满足性原则

满足性原则是指对运动员的激励必须以运动员的需要为出发点,并给予满足。

需要是人对生理需求和社会需求的反映,是个体的一种内部状态,它不但是个性倾向性的源泉,而且也是个体行为积极性的源泉,只有在需要的推动下,个性才能形成和发展,没有需要也就没有人的一切活动。及时满足运动员的需要是教练员激励运动员的前提。研究发现,高水平运动员的需要总体可分为两类:一类是长期需要,一类是短期需要。长期需要是指来自于阶段性训练过程之后的需要,即因训练有成效,由优异成绩带来的荣誉奖励、奖金、增加工资和福利以及地位的提高。这些需要获得的时间周期较长,来得较慢,是教练员对运动员长期行为进行把握的控制点,即运动员行为控制的方向。短期需要是指来自于训练过程中的需要,也就是运动员在训练的同时获得的满足,它包括训

① 边一民,等.组织行为学[M].杭州:浙江大学出版社,1998.

② 张忠秋.高水平运动员激励理论的研究[D].上海:上海体育学院,1993.

练课任务完成的需要、解决某一技术问题的需要、被教练员指导的需要、被教练员认可的需要、理解教练员训练意图的需要、表达训练感觉的需要、寻求队员支持的需要，等等。教练员对运动员训练过程中不同需要的满足，具有针对性强、来得快、短期效果明显的特点。在训练中，对运动员即时性需要的把握，有助于教练员控制运动员的短期行为。

（二）互补性原则

互补性原则是指对高水平运动员的激励应把物质奖励和精神奖励结合起来，在给予物质奖励的基础上，同时也应给予相对应的精神奖励。

精神激励是对人们精神需要的满足；物质激励是对人们物质需要的满足。物质需要是人们赖以生存的物质基础，所以，人们关心自身的物质利益是必然的。当然，仅依靠物质激励是无法满足人的全部需要的，必须与精神激励形成互补。对取得成绩的高水平运动员给予相应的物质奖励（奖金、住房等）是保障其生存和发展的物质需要，具有相当的合理性，符合按劳分配的原则。物质奖励之所以对高水平运动员可以发挥作用，是因为作为社会自然人，高水平运动员同样具有从职业活动中获得物质需要的基本要求。同时，由于运动员运动寿命的限制，他们在有限的“黄金”时段，通过获取更多的财富积累为退役以后的再就业打下一个良好的基础，这也是运动员职业特点所决定的。当然，在物质奖励方面，并不是说数额越大越好或只需要物质奖励不需要精神奖励，调查发现，荣誉奖励是各种激励方法的发动点，是不断提高高水平运动员思想认识水平和自身修养境界，追求更高奋斗目标，延长运动寿命的关键。荣誉奖励是最根本的激励方法，它是以间接、无形、内在需求认识上的激发因素来对运动员进行激励的。在激励体系中，由荣誉产生的激励是最高的，具有无限的开发潜力。

从总体来看，精神奖励可以使运动员长时间保持较高的训练动机，物质激励则可以在较短时间内，迅速唤起运动员的训练激

情。在面对艰巨的训练或比赛任务时,物质奖励的激励效应要明显高于精神奖励,但要延长运动员的运动寿命,必须要发挥精神方面的激励作用。因此,对高水平运动员的激励就是要发挥物质激励与精神激励的互补作用,在进行物质奖励的同时,必须给予相对应的精神奖励,只有这样才能有效激发运动员的训练动机,控制好运动员的训练行为。

(三)针对性原则

针对性原则是指对高水平运动员的激励要根据运动员的个性特征、训练特点及环境条件采取针对性措施。

我们知道,高水平运动员都有着极强的个性特征,训练特点极其鲜明,教练员只有抓住每一名运动员的个性特征、训练特点,并结合环境条件,采取有针对性的措施才能对运动员进行有效的激励。通常,对于外向、活跃、承受能力较强的运动员,教练员的激励可以直截了当,对于内向自尊型运动员,教练员的激励可以间接的方式进行;对于理解能力和自控能力强、训练作风过硬的运动员,教练员不需要给予过多或过于强烈的刺激,对于理解能力低、自控能力弱、训练被动的运动员,教练员则应给予较多的训练提示或强烈的要求;对于进入训练或比赛角色快、易兴奋的运动员,教练员不需要给予太大的刺激,对于进入训练或比赛角色慢、非兴奋型运动员,教练员则应采取施加压力的手段。总之,鲜明的针对性原则就是要根据运动员的个性、训练特点及环境条件,做到对症下药。

(四)目的性原则

激励的目的性原则是指教练员对运动员实施激励时,必须明确激励要达到的效果和要解决的训练问题。激励就是要调动运动员的训练积极性,实现训练的高投入。当然,不是说任何时候都需要激发出运动员极高的训练热情,不同的训练需要对应着不同的激励强度,训练的难度越大,激励的强度就越大。通常,训练的需要有两种指向,一种是长期需要,一种是即时需要,见图9。针对长期需要的激励通常应以目标激励为主,其激励的强度具有相对的稳定性。针对即时需要的激励，可能是以解决技术问题为目的，也可能是以解决战术问题为目的；可能是以解决能力为目的，也可能是以解决心理问题为目的。由于需解决的训练问题不同，运动员投入训练的热情和精力就必然会不同，而控制运动员训练投入大小的关键很大程度上取决于教练员的激励。因此，教练员必须要明确采取的激励手段会在多大程度上激发运动员的训练热情和唤起的热情将用于解决怎样的训练问题，并要做到大投入解决大问题，小投入解决小问题，避免小问题大投入，漫无目的地进行激励。

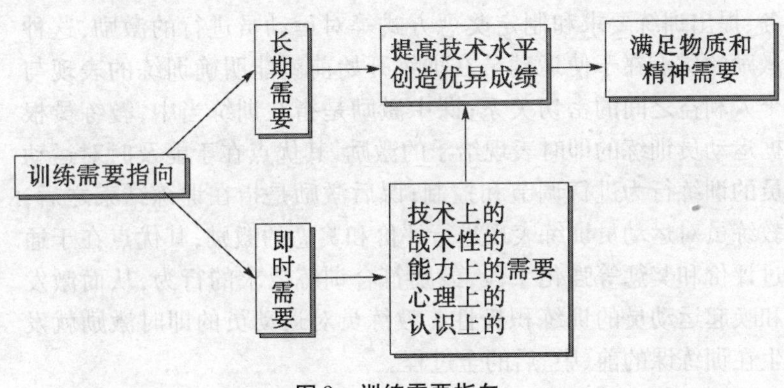

图9　训练需要指向

（五）即时性原则

即时性原则是指对运动员的激励应视运动员的情绪状态、训练环境变化随时进行，并合理控制激励的频率。

训练中运动员的心理和行为变化是一个动态的过程，出现不良反应是正常现象。如何及时消除运动员心理和行为上的不良反应，就取决于教练员对即时性激励的合理运用。研究证明，教练员要做到有效的即时激励，就要把握好激励的时机，并控制好激励的频率。首先，即时激励效果的好坏很大程度上取决于激励的时机，激励时机把握不好，再好的激励方法和手段都不可能发挥最大的效用。在训练中，教练员不合时机地盲目进行激励既缺乏艺术性，又缺乏对运动员的新异刺激，是无法实现即时激励的。

其次，即时激励的效果还取决于激励的频率。最佳的激励频率是很难用言语表达清楚的，受运动员个性差异的影响，有的运动员需要不断地进行高频率的激励才能变得心里踏实和训练情绪稳定，而有的则需要低频率、高强度的激励才会有作用；训练内容、训练任务和完成难度及复杂程度，也要求对应不同的激励频率，因此，根据运动员个性特征、训练内容、任务的要求，适度控制激励的频率将是教练员的明智之举。

以训练课为例，即时性激励可分为课前激励、课中激励和课后激励。课前激励是指在训练开始之前，教练员通过宣布训练任务、提出训练要求和制定奖惩方式等对运动员进行的激励，这种激励的优点在于使运动员在训练开始前就能明确训练的表现与个人利益之间的密切关系；课中激励是指在训练当中，教练员根据运动员训练的即时表现给予的激励，其优点在于能及时对运动员的训练行为进行调节和控制；课后激励是指在训练结束之后，教练员对运动员训练表现进行评价和奖惩的激励，其优点在于通过评价和奖惩等强化手段，鼓励符合训练要求的行为，从而激发和唤起运动员的训练积极性。教练员对运动员的即时激励就发生在训练课的前、中、后的全过程。

（六）多样性原则

多样性原则是指对运动员的激励应采用多种手段，从多个角度给予运动员以新异刺激。

对运动员的有效激励需要采用多种手段，只有通过听觉、视觉和触觉的共同作用，才能达到唤起运动员训练热情的目的。就运动员伤后训练来讲，因受伤而产生的心理恐惧感会严重影响伤后的训练，教练员要有效消除运动员的心理恐惧，唤起其训练的热情，简单地对运动员说“没事了！可以练了！”是没有用的。正确的做法应当是，首先从思想上引导运动员摆脱受伤带来的恐惧感，其次在训练的安排上，要遵循循序渐进的原则，从安排过渡性辅助训练手段开始，使运动员有个良好的适应过程，通过消除运动员的心理顾虑和提高身体适应能力以实现对运动员的激励。

又如,大赛前的超负荷训练会使运动员产生极度疲劳并引起心理惰性,要有效帮助运动员克服心理惰性,就必须采取多种激励手段对运动员进行激励。大赛前,中国体操队通常会把灵活的训练安排、超高标准的训练要求和有效的心理暗示结合起来,对运动员进行激励。灵活的训练安排在于活跃训练气氛,防止循规蹈矩、单调乏味的枯燥训练;超高标准的训练要求在于明确运动员的训练需要做出努力的程度;有效的心理暗示在于最大限度地唤起运动员训练的自信心。例如,2000 年 6 月初,连续几天的大强度成套训练,使运动员的体力明显下降,出现了明显的心理和身体上的疲劳感。为了调动运动员的训练热情,提高训练的积极性,教练员首先通过安排游戏,在训练中播放音乐等来活跃气氛;其次,不断强调大强度实战训练对运动员能力提高和训练作风培养的重要性,同时,不断进行心理暗示训练。最具代表性的心理暗示训练是有目的的安排运动员喝“营养汤”,并大讲、特讲“营养汤”的功效,以此暗示“营养汤”对缓解疲劳的作用。在运动员喝完“营养汤”后,教练员又要求运动员进行了 10 分钟的心理想象,对“营养汤”的无穷力量进行联想,之后才开始上午的成套实战性训练。对此,运动员的信息反馈是,“用得上力了”、“动作不那么沉了”、“心里踏实了”、“好像是不那么累了”等等。通过多种激励手段,中国体操队有效地调动了运动员的训练热情并提高了他们的自信心,对他们起到了很好的激励作用。

四、大赛前对优秀运动员的激励方法

组织行为学对激励应用问题的研究比较广泛,具体涉及的激励方法有目标管理、奖励制度(物质奖励和精神奖励)、工作设计、事业管理、绩效管理、行为校正、员工参与、灵活的福利、可比较价值等。针对运动员的激励问题,也有过不少研究,具有代表性的有:张忠秋认为高水平运动员的宏观激励举措应包括高水平运动员参加重大比赛的奖励、对不同“运动年龄”取得优异成绩的运动员应予相应特殊奖励、高水平运动员的退役安置、高水平运动人

材合理流动和公平参与竞争等[①]；季浏(2000)全面探讨了目标设置对运动员的激励作用[②]；钟秉枢认为高水平运动员合理的人才流动，可以有效激励运动员的训练积极性[③]。综合以往对激励应用问题的研究，并结合高水平运动员大赛前激励的特点，笔者提出大赛前训练目标的确立、训练过程设计、训练绩效评估、训练行为校正、激励的个性特征等问题控制，会对高水平运动员大赛前训练行为起到突出的激励作用。

(一)合理确立大赛前的训练目标

大赛前训练目标的确立是指在大赛前的运动训练过程中，教练员与运动员根据大赛的目标体系，确定运动员各自的总目标、分目标和总任务及具体任务的一种管理方法。大赛前运动员训练目标的确立就在于把运动队总的训练目标转化为运动员个体的训练目标，并通过运动员训练目标的实现来完成运动队的总目标。

1. 训练目标与激励的关系

组织行为学认为，目标管理的实质是以目标设置来激发员工的自我管理意识，以目标来指导行为，以合适的目标来激励动机。训练目标可为运动员确立一个明确的奋斗方向，并通过实现目标、满足需要和不断强化训练动机，达到激发训练激情的目的。大赛前的训练由一系列的目标构成，不同的训练目标有着强度不同的激励作用，训练目标确立的合理程度也决定着激励效果的好坏。教练员与运动员在确立训练目标的过程中，需要考虑目标确立的意义和价值、实现目标的必要性和可行性。只有当目标蕴含有较高价值，并能使运动员因此获得满足和有可能实现的前提

① 张忠秋. 高水平运动员激励理论的研究[D]. 上海：上海体育学院，1993.

② 张力为. 体育运动心理学研究进展[M]. 北京：高等教育出版社，2000.

③ 钟秉枢. 成绩资本和地位获得——我国优秀运动员群体社会流动的研究[M]. 北京：北京体育大学出版社，1998.

下，运动员才会作出不断增加训练投入的努力，反之，则会大大降低他们对训练的投入，失去激励作用。

运动员训练目标的确立是一个复杂的过程，它不但需要运动员自身的分析和判断，更需要教练员的协助。由于运动员在思想认识水平、分析判断能力及意志品质上存在着差异，由运动员自我决策，准确、客观、现实地确立训练目标有相当大的难度，而一旦训练目标确定得不合理，最终的结果又未能如期所至，就很可能对运动员的训练热情和积极性造成消极影响。因此，帮助运动员客观和现实地分析各方面的因素，确立合理的训练目标和树立良好的心理预期，就成为教练员激励运动员训练积极性的重要手段。实践证明，教练员目标导向作用的发挥对激励运动员有着直接的刺激作用。当然，如果教练员的目标导向过低，不具挑战性，运动员不必努力即可"唾手可得"，运动员就会感到乏味，激励的作用自然会降低；如果目标导向过高，使运动员深感目标遥远而不可及，无法调动其训练的积极性，也发挥不出目标的激励作用。有效的目标激励应当是"大目标，小步子"的方式，即通过一步步小目标的实现，把运动员引向更大的目标，从而不断激发运动员的训练热情。

2. 总目标的确立

总目标是根据与主要竞争对手的实力对比而确定的大赛中可能取得的最好成绩。拿参加奥运会来讲，总目标是四年奥运大周期中运动队不懈努力想要达到的一个周期性目标，它既是本周期训练水平和实力的一个综合体现，同时又是下一个周期开始的起点。总目标的确立可为分项目标和个体目标的确立指明方向。总目标的定位很大程度上决定着分项目标和个体目标确立的合理性，分项目标和个体目标的确立必须符合总体目标的要求，必须为实现总体目标而确立。

3. 分项目标的确立

分项目标是总目标的下位目标，同时又是总目标确立的基础,总目标具体夺金指标的确定必须建立在分项目标的基础之上。分项目标的确立不仅要分析每一小项中主要竞争对手的实力,而且还要分析各小项取得佳绩的难易程度。分项目标代表着运动队最有希望的夺金点,它的确立决定着大赛前训练的重点和突破口。另外,分项目标又是个体目标的上位目标,个体目标的确立必须围绕确立的分项目标进行。

4. 个体目标的确立

个体目标是运动员根据总目标和分项目标的要求,结合自身的实际情况确立的个人训练目标。个体目标的确立必须与总目标和分项目标保持一致,要有利于总目标和分项目标的实现。大赛前运动员个体目标的确立主要包括两方面的内容,即确定自己的主打项和弥补薄弱环节。

(1)主打项的确立

主打项是指运动员实力最强,最有希望夺金,对实现总目标和分项目标最有贡献率的小项。对于主攻单项的运动员,主打项应该是他的最强项,对于团体比赛,运动员的主打项就并非如此。团体比赛讲究整体配合,它要求运动员之间要具有组合能力,只有主打项不同的运动员才具有极强的互补性,才有利于形成最佳的组合搭配。因此,并不是每一名运动员的最强项都可以成为他的主打项,而非强项就一定不能成为主打项,这要取决于运动员之间的搭配要求。有时运动员自己的最强项与其他运动员相比则成为弱项,而自己的非强项与其他运动员相比则显得比较强,于是,非强项就可能成为主打项,被作为大赛前的训练重点。如中国男子体操队备战悉尼奥运会运动员的主打项的确立(见表6)。

表 6　中国男子体操队备战悉尼奥运会运动员的主打项确立

姓　名	主打项	角色扮演	夺金点
李小鹏	自由操、跳马、双杠、单杠 突出:跳马、双杠	团体主力 单项夺金	团体、跳马、双杠
邢傲伟	自由操、鞍马、跳马、双杠、单杠 突出:自由操、鞍马	团体主力 单项夺牌	团体
黄　旭	鞍马、吊环、双杠、单杠 突出:双杠	团体主力 单项夺金	团体、双杠
杨　威	自由操、鞍马、吊环、跳马、双杠、单杠	团体主力	团体
卢裕富	自由操、鞍马、吊环、跳马、双杠、单杠	团体主力	团体
郑李辉	自由操、鞍马、吊环、跳马、双杠、单杠	团体替补	团体
肖俊峰	自由操、鞍马、吊环、跳马、双杠 突出:跳马	团体替补 单项夺金	团体、跳马
董　震	鞍马、吊环	团体替补 单项夺金	团体、吊环

(2)补弱项的确立

补弱项是指运动员相对薄弱的环节,包括技术、专项素质、心理素质等方面存在的不足,这些不足是无法采取扬长避短的战术加以回避的,必须通过训练加以提高。中国体操队备战 2000 年悉尼奥运会期间,把单杠和自由体操的 0.5 分价值串作为了每一名运动员补技术弱项的重点,把连续的大强度成套实战训练作为运动员补体能弱项的重点,把抗压力训练作为运动员补心理弱项的重点,除此之外,还针对每一名运动员的不足提出了针对性的补弱要求。

综合来看,总目标、分项目标和个体目标是大赛前训练目标确立的三个不同层次(见图 10)。第一个层次是大赛前的总目标,具体包括四年奥运会周期总目标和大赛中的夺金指标预测;第二个层次是男队、女队大赛中在团体、全能和单项上的夺金点确定;第三个层次是关于运动员个体的主打项目和补技术弱项、补专项素质和心理素质的不足。三个层次的目标,环环相扣,紧密联系:运动员个体目标属于操作性目标,是直接与大赛前的训练融为一体的,它最为具体,是大赛前训练目标控制的核心;总目标和分项目标属于方向性目标,它们规定着个体目标的指向。

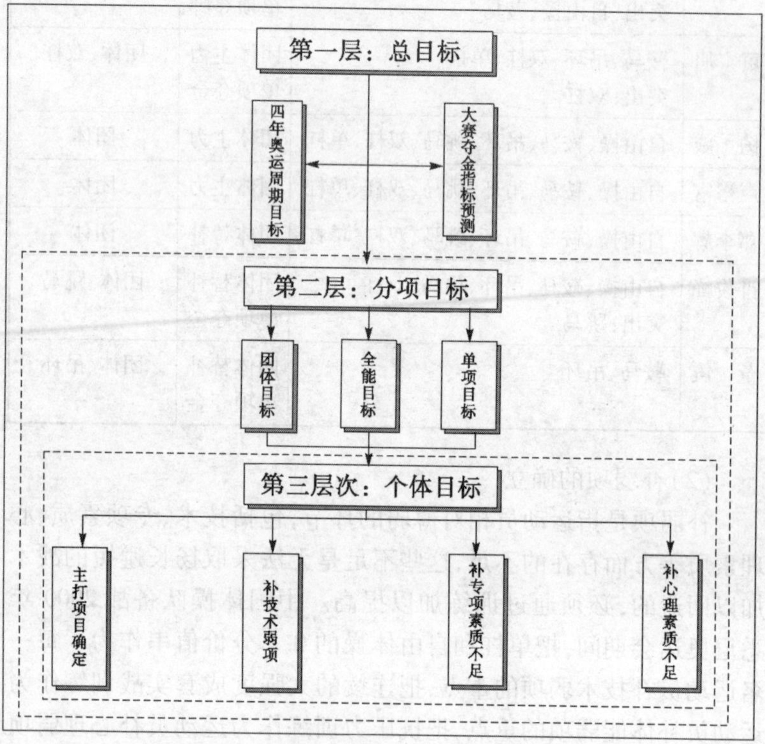

第一层:总目标

四年奥运周期目标

大赛夺金指标预测

第二层:分项目标

团体目标

全能目标

单项目标

第三层次:个体目标

主打项目确定

补技术弱项

补专项素质不足

补心理素质不足

图 10　优秀运动队大赛前训练目标确立

5. 训练目标的调整

训练目标的确立是一个动态的过程。一旦训练目标确立的难度太大、太容易或不清楚,则无法对运动员产生有效的激励,必须及时进行调整,这是大赛前训练目标确立过程中非常重要的环节。

对不合适的训练目标进行调整,是在训练目标实现的过程中完成的。训练目标的实现是分步进行的,即通过多个小目标的实现,积成一次大目标的跨越。在每一个大目标或次大目标的实现过程中,都会因这样或那样的问题需要对训练目标进行调整。通常,训练目标的调整可分为以下几步:第一,确定难度适中、具体、清晰且具有挑战性的目标;第二,使运动员认清努力的方向并作出训练的承诺;第三,在教练员的指导下把承诺付诸实施;第四,对运动员训练的行为和目标实现的程度进行即时评估;第五,根据评估结果,决定是否对训练目标进行调整或继续下位目标的实现(见图11)。

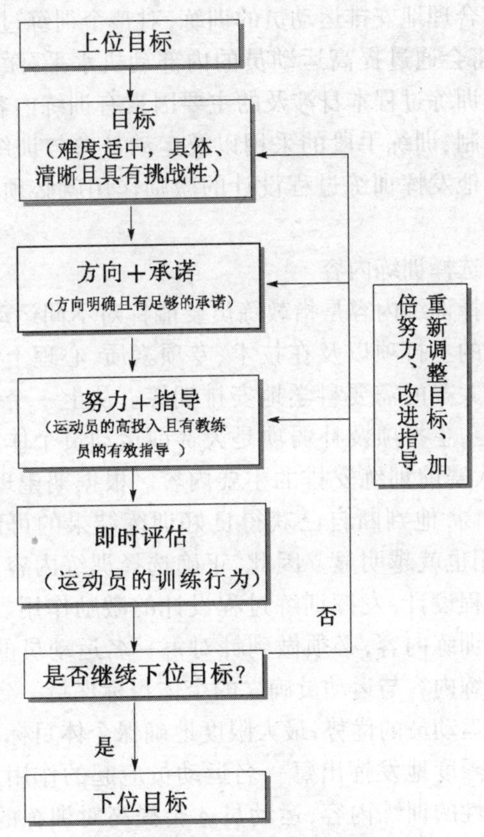

图11　训练目标调整过程示意图

(二)严格设计大赛前的训练过程

1. 训练过程设计与激励的关系

训练过程设计是指正确选择训练内容,有效控制训练进度和选择训练手段,积极强化运动员的自主参与意识,以实现对运动员激励的方法。

根据F.赫兹伯格的双因素理论,内部动机是员工的主要工作动机,要激发员工的工作动机就必须把注意力集中到工作本身的因素上。高水平运动员的训练动机也很大程度上来自于内部动机,而内部动机的产生与训练过程本身的各种因素密切相关。如果教练员能合理地安排运动员的训练,对整个训练过程进行科学的设计,必将会通过提高运动员的内部动机水平,激发运动员的训练热情。训练过程本身涉及的主要因素有训练内容的选择、训练进度的控制、训练手段的采用以及运动员参与训练的程度等,要最大限度地发挥训练过程设计的激励作用就必须严格控制这些因素。

2. 正确选择训练内容

正确选择训练内容是指教练员要能针对不同运动员的特点,根据运动员的主打项以及在技术、专项素质、心理上需要弥补的薄弱环节及大赛的需要科学地安排训练。从上一个问题的论述中,我们知道,主打项及补弱项是大赛前运动员个体训练的主要目标,也是大赛前训练安排的主要内容。根据期望理论,运动员的期望值越高,他判断自己获得良好训练结果的可能性也就越大,激励作用也就越明显。因此,正确选择训练内容可以保障科学的训练过程设计,发挥训练过程设计的激励作用。当然,要保证正确选择训练内容,必须做到针对每一名运动员的技术特点,使选择的训练内容与运动员确立的个体目标保持一致,通过训练进一步突出运动员的优势,最大限度地确保个体目标的实现并在比赛中最大限度地发挥出每一名运动员应起的作用。也只有选择具有针对性的训练内容,运动员才会提高对训练的预期,并自愿接受教练员的训练要求,形成教与学双方的默契及相互融合,提高对教练员的信任度，产生安全感和依托感，增强训练的信心，促进训练动机水平的提高。

3.有效控制训练进度

有效控制训练进度是指对于大赛前的训练计划必须以循序渐进的方式，有步骤、分阶段地贯彻和实施。每一训练阶段必须确立明确的阶段性训练目标，并随着阶段性目标的逐步实现、运动员需要的不断满足，强化运动员对即将到来的大赛的良好预期，实现唤起其训练激情的目的。在大赛前，要有效控制好训练的进度，教练员必须要准确把握项目的特征，透彻了解运动员的特点，掌握该项目运动员竞技状态形成的规律，控制好不同阶段的训练节奏，同时辅以大量的训练恢复、医务监督及后勤服务等工作，以保障阶段性目标的逐步实现，做到科学控制大赛前的训练进度。中国体操队备战2000年悉尼奥运会期间训练进度的控制共分为四个阶段（见图12）。从图12中我们可以看到，四个阶段都有着明确的阶段性目标，通过逐步解决阶段性问题，实现每一个阶段的目标，中国体操队有效控制了大赛前的训练进度，充分体现了大赛前训练过程设计的严谨性。

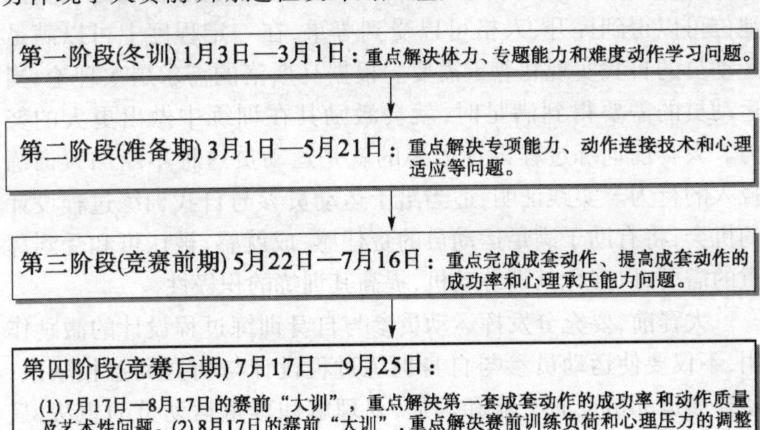

图12　中国体操队备战2000年悉尼奥运会赛前训练进度的阶段性控制

4. 采用多样化的训练手段

多样化的训练手段,可使运动员通过体验不同的教学形式、训练环境、训练气氛,克服训练中的单调感、枯燥感,感受不断的新异刺激,增强好奇心和对训练的兴趣,消除心理和体力上的疲劳感。特别是大赛前,采用多样化的训练手段,可以有效消除大强度、单一化训练对运动员心理和体力上带来的负面影响,产生苦中有乐的训练效果,可使运动员对训练过程产生满足感。根据双因素理论,满意的训练过程可以强化运动员个体的内部动机,提高运动员的训练动机水平,从而对运动员产生激励作用。

5. 强化运动员的参与意识

大赛前训练过程的设计受到教与学双边因素的影响,运动员训练自主能动性的调动在很大程度上决定着训练过程设计的成败,因此,在严格大赛前训练过程的设计中绝不能忽视强化运动员主动参与训练的意识。

强化运动员主动参与训练是指通过鼓励运动员参与大赛前的自我训练过程设计,增强运动员的责任感,提高运动员训练积极性的一种激励手段。在参与自我训练过程的设计中,运动员的地位可以得到提升、人格可以受到尊重,在一定程度上可以满足运动员的自我实现和尊重需要。根据马斯洛的需求层次理论,当运动员的需要得到满足时,就会激励其在训练中做出更大的努力。大赛前训练过程设计需要的就是运动员这种不断加大训练投入的行为。实践证明,适当给予运动员参与自我训练过程设计的机会,将有助于满足运动员的责任感、成就感、被认可和受到尊重的需要,以强化其训练动机,提高其训练的积极性。

大赛前,要充分发挥运动员参与自身训练过程设计的激励作用,不仅要使运动员参与自身训练过程设计与切身利益相联系,还要与运动员全面交流和沟通,要理解和尊重运动员的想法,只有这样才能真正调动运动员的自主能动性,加大对训练的投入。

(三)准确评估大赛前运动员的训练绩效

1. 训练绩效评估与激励的关系

训练绩效评估的激励是通过信息反馈机制发生作用的,评估的结果就是信息反馈的内容,没有反馈就无法反映差异,也就不会对运动员产生激励。训练绩效评估的激励作用符合斯金纳的"强化"理论,根据"强化"理论,强化是指对某种行为给予肯定、奖励或否定、处罚,使该行为巩固、保持或减弱、消退的心理过程。强化理论强调通过控制刺激人在外部环境中的外在目标和行为结果的奖惩来影响和改变人的行为。把训练绩效评估结果反馈给运动员,并通过正强化使运动员的训练行为得到巩固或加强,增加训练的投入,就是训练绩效评估对运动员激励要达到的目的。

大赛前运动员训练绩效评估的内容由多项指标构成,主要包括训练计划完成情况的评估、比赛及测验成绩的评估和训练过程的即时评估。

2. 训练计划完成情况的评估

在评估训练计划完成情况时,可以采取评估量表对完成情况进行统计。如中国体操队在备战悉尼奥运会期间,分别对单杠、自由体操等项目的成功率、专项身体素质的训练情况、运动员每天完成计划的情况、训练问题解决的进度等内容通过列表的形式进行了详细统计,以评估运动员在训练中的绩效水平①。对重点训练课、重点训练周运动员的训练评估,可以采用关键事件法由专业人员全程跟踪训练过程,并根据运动员在训练中表现出的与绩效直接相关的行为表现进行详细的记录,进而对训练绩效作出评估。对运动员主动参与训练程度的评估,可以采取作业法,让运动员对每天的训练情况和第二天要解决的问题通过训练日记的形式进行总结、对每次比赛和阶段性测验的完成情况进行书面

① [英]理查德.斯洛克姆.伍德曼.掌握组织行为[M].刘天伟,等,译.南宁:广西师范大学出版社,2001.

小结、对观看技术录像寻找到的问题和应采取的对策以书面的形式呈现等,教练员通过对运动员书面作业的评估,就可有效地对运动员训练的主动性或主动参与训练的意识作出准确的判断。

3. 比赛及测验成绩的评估

对比赛成绩或测验成绩的评估,可以通过量化的形式进行。量化形式的评估结果直接、明了、客观,容易令人信服。中国体操队在备战 2002 年釜山亚运会期间,曾于 2002 年 6 月 15 日至 21 日和 2002 年 8 月 8 日进行了两次公开选拔赛,并对这两次公开选拔赛的比赛结果进行了及时评估,通过设置积分对运动员逐一进行了排名(见表 7)。这样的成绩评估旨在给运动员大赛前训练效果一个直观的评价,通过积分和名次的排列可以对名次靠前的运动员的训练行为给予肯定,从而激励运动员进一步的努力。

表 7　中国体操队备战 2002 年釜山亚运会选拔赛男运动员成绩评估表

姓名	选拔场次	全能	自由体操	鞍马	吊环	跳马	双杠	单杠	积分	排名
杨威	第一次	第一名 18 分	第一名 12 分		第五名 2 分	第二名 6 分			38 分	1
	第二次	第一名 18 分	第四名 5 分	第六名 1 分	第三名 4 分	第三名 4 分	第三名 4 分	第二名 6 分	42 分	1
黄旭	第一次			第三名 4 分	第一名 12 分		第二名 6 分		22 分	2
	第二次			第二名 6 分	第一名 12 分				18 分	6
李小鹏	第一次						第一名 12 分		12 分	7
	第二次	第八名 1 分			第四名 5 分	第三名 4 分	第一名 12 分		22 分	5
邢傲伟	第一次		第二名 6 分						6 分	12
	第二次	第五名 5 分	第一名 12 分			第六名 1 分	第五名 2 分	第三名 4 分	24 分	4

表7(续)

姓名	选拔场次	全能	自由体操	鞍马	吊环	跳马	双杠	单杠	积分	排名
卢裕富	第一次	第二名 10分	第三名 4分						14分	6
	第二次	第三名 8分		第五名 2分	第六名 1分	第二名 6分	第二名 6分	第四名 3分	26分	2
滕海滨	第一次							第一名 12分	12分	7
	第二次	第四名 5分	第三名 4分	第三名 4分				第一名 12分	25分	3
梁富亮	第一次		第五名 2分	第四名 3分			第三名 4分	第二名 6分	15	4
	第二次	第六名 3分	第二名 6分	第四名 3分		第五名 2分	第四名 3分		17分	8

注:此表只选取了部分运动员的材料。

当然,单以运动成绩来反映运动员训练水平高低的评价是不完全的,在比赛中有许多深层的问题是名次指标无法反映出来的,因此,在对比赛成绩评估中要注意:

第一,定量评价运动员的成绩不能以某次或少数几次比赛名次确定。由于体操比赛中的不确定因素很多,技术动作越来越复杂,特别是动作连接难度的不断加大,使得任何一名优秀运动员都不可能在所有的比赛中保证不出现动作失误,因此,应以动态的眼光看待运动员的比赛成绩。

第二,不同性质的比赛,其名次的内涵有着质的区别,重大比赛的名次对运动员训练水平的评价更具代表性。如运动员参加奥运会比赛和世锦赛的名次指标在评价运动员训练水平方面最有代表性,因为这类赛事是当今世界上最具影响力的,各国教练员、运动员的重视程度都很高,在这一大背景下取得的名次,也最能如实反映运动员在技术、战术、体能、心理等方面的训练水平,因此,对运动员训练绩效水平的贡献也应最大。

第三,比赛中教练员的战术思想会影响运动员名次的取得。不同战术指导思想下运动员所取得的名次可能与其自身的训练水平保持一致,也可能出现较大的差异,在对比赛成绩进行评估时,必须加以认真考虑。

4. 训练过程的即时评估

训练过程的即时评估是指在训练的进行中,教练员对运动员的训练情况立即给予的评估,并把评估结果及时反馈给运动员。在训练中,仅仅通过对训练计划完成情况和比赛及测验成绩的评估来实现对运动员的激励是远远不够的,训练计划完成情况和比赛及测验成绩的评估是阶段性的,并非是每时每刻进行的,而运动员的训练更需要的是随时的评估和反馈,做到及时发现训练中的进步和存在的不足,通过教练员的正强化,不断增强运动员训练的信心。因此,最重要的训练绩效评估就在于对运动员的训练进展给予即时的评价和反馈,让运动员随时了解自己训练绩效实际达到的水平,并通过教练员实施多种形式的奖惩手段对运动员良好的表现进行表扬、赞赏或鼓励,对于不足之处予以提醒,甚至批评,借此充分发挥训练绩效评估对运动员的激励作用。

(四)及时修正运动员的训练行为

大赛前,由于时间紧、任务重,运动员训练中出现的任何不符合要求的行为都会对大赛前的训练产生非常不利的影响,因此,原则上要求运动员大赛前的训练行为不出现任何的偏差。当然,对于一旦出现的不符合要求的训练行为要能及时发现,及时修正,采取的负强化手段要视不同的运动员对症下药、加大力度,避免出现反复。与此同时,要及时正强化符合训练要求的行为,树立榜样,激励其他运动员效仿。

1. 训练行为修正与激励的关系

训练行为修正是指教练员发现运动员不符合训练要求的行为,立即使用随机负强化手段,使之减少;对运动员符合要求的训练行为,使用随机正强化手段加以鼓励。训练行为修正的激励作用完全符合斯金纳的"强化"理论,即通过外部刺激引起人的行为变化。20世纪50年代,美国斯坦福大学的莱维特教授对人的行为提出了三个相关的假设:第一,行为是有起因的;第二,行为是受激励的;第三,行为是有目标的。他同时给出了人的行为基本模式(见图 13)①。这一行为模式清楚地指明人的行为是需要刺激的,也就是说人是在激励的作用下产生行为,而向目标行动的。如果人缺乏激励的刺激作用,即缺乏驱动力,即使有各种需要也无法有效地改变行为原有的运行轨迹,只有在外在刺激的激励作用下,才会驱动人的行为为满足需要而行动,直到目标的实现。总之,训练行为修正的过程就是对运动员训练行为基本模式的修正,即通过外部刺激,使运动员为满足需要、实现训练目标而改变不符合要求的训练行为、巩固符合要求的训练行为而发挥激励作用的。

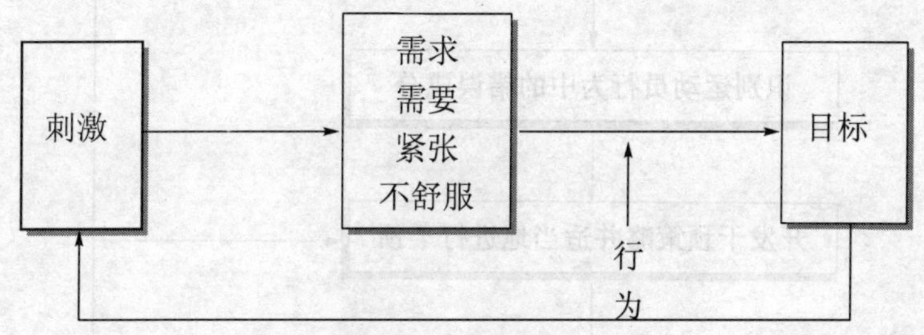

图 13　行为的基本模式

2. 训练行为的修正

训练中,运动员对教练员的管理方式及训练安排认识和理解上的不全面和自身综合分析问题能力的不足,会导致自己的训练行为发生偏差。对于这些不符合要求的训练行为的修正,需要掌握正确的方法。通常,运动员训练行为的修正应遵循一定的规律,图 14 反映的是运动员训练行为修正的一般模式。

从图 14 中我们可以看到,运动员训练行为的修正过程可分为六步:第一,教练员识别与绩效有关的行为;第二,识别运动员行为中的错误成分;第三,开发出干预策略并适当地进行干预;第四,判断干预后运动员的心理和行为反应;第五,鼓励符合要求的正确行为;第六,评估运动员行为对训练绩效的改善作用。其中,

① 徐联仓,卢盛忠. 管理心理学[M]. 北京:科学出版社,1986.

教练员能否准确识别运动员训练行为中不符合要求的成分，并采取有效的随机强化手段进行消除是决定修正过程成败的关键。当然，运动员训练行为的修正并不是一次性就能完成的，在对运动员施加影响以后还需要进一步判断运动员后续行为的变化，如果运动员的训练行为达到了训练的要求，就需要及时给予肯定，否则，就需要重新采取更有力度的措施施加影响，只有这样反复多次才能完成对运动员不符合训练要求行为的修正。

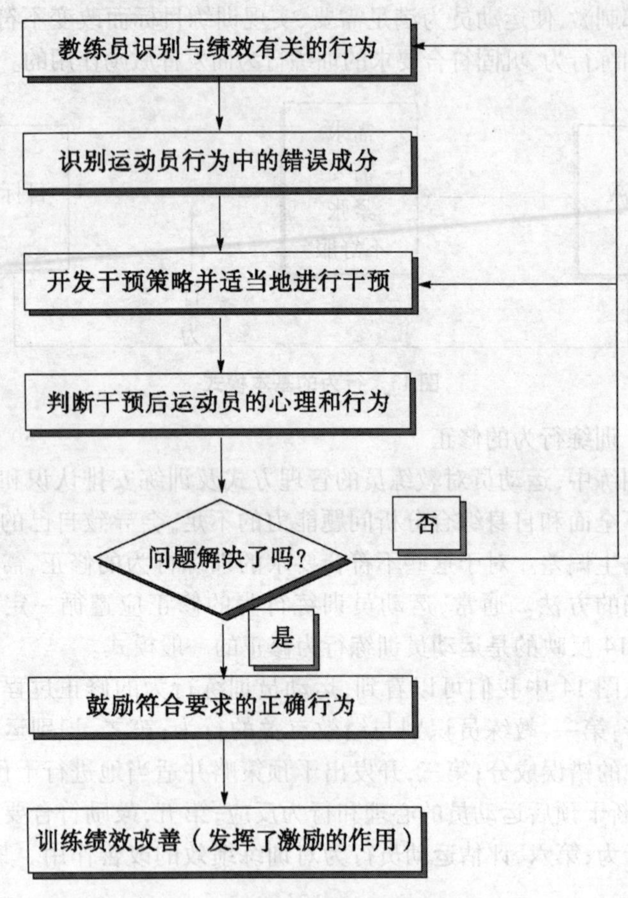

图 14　运动员的训练行为修正模式

(五)针对运动员个性的激励

1. 运动员的个性特征与激励的关系

前面我们讲过,个性是指一个人的整个心理面貌,即具有一定倾向性的各种心理特征的总和。个性倾向性是人进行活动的基本动力,是个性结构中最活跃的因素,其中,需要是个性倾向性的源泉,动机、兴趣和信念等都是需要的表现形式。个性倾向性被认为是以人的需要为基础的动机系统。根据运动员的个性特征进行激励就是要满足不同心理特征的运动员的需要,提高动机水平和引起兴趣。通过对中国体操队参加奥运会的运动员个性心理特征的研究发现,在乐群、好强、富于想象、冷静寡言、遇事敏感、自律、自强、果断、易从主观愿望出发、做事积极、有依赖感、成就感强烈、情绪稳定、有恒心及固执等方面具有较为明显的差异性。分析中国体操队参加奥运会运动员的个性特征,笔者认为他们在自控、自尊、责任感、表现欲和意志力等方面表现突出。因此,如何针对高水平体操运动员的自控能力、自尊心、责任感、表现欲和意志力等个性特征,采取有效的激励手段,达到调动运动员训练积极性的目的,就是以下我们要重点讨论的问题。

2. 对具有较强自控能力运动员的激励

自控也称为自我监控(self-monitoring),它是指根据外部环境因素而调整自己行为的个体能力[1]。通常,自我监控能力高的个体在根据外部环境因素调整自己行为方面能表现出相当强的适应性,他们能根据不同情境采取不同的行为。高水平运动员受职业环境的长期影响,养成了在大赛中较强的自控能力和适应临场环境变化的能力,因此,自我监控能力高就成为了高水平运动员个性当中比较突出的特征。自我监控能力高的运动员通常表现出自律、自强,做事积极果断、情绪稳定、遇事敏感、独立性强等特征。

研究发现,在中国男子体操队中,奥运会冠军运动员已和丙

① [美]斯蒂芬·P.罗宾斯.组织行为学[M].北京:中国人民大学出版社,2000.

的自我监控个性表现较为突出。奥运会体操冠军运动员丙,在其个性当中,聪慧、自律、自强、做事果断、独立等特征表现得较为突出。在训练中,运动员丙的话语不多,但他聪慧的个性可以从他的眼神反应、遇事的机警性和观察事物的细致程度等方面得到充分反映。运动员己的高自我监控表现为训练自觉、主动,自我约束力强,做事井井有条,无论教练员在场与否,他都能一丝不苟地对待自己的训练,从来不受其他运动员的影响。在训练中,运动员丙独立、有主见、有观点,对自己的训练能做到心中有数,无论训练环境发生怎样变化,他都能稳定情绪,自如应对。从 2000 年悉尼奥运会体操比赛的情况看,运动员丙在团体预赛、团体决赛、个人全能和两个单项决赛共 20 套次的比赛中,没有出现过任何失误,且套套动作都能高质量完成。对体操运动员来讲,在如此重大的比赛中,达到 100% 的成功率和每套动作精彩的成功表现,其自我监控能力之高可见一斑。针对自律、自强、自控和独立性高的运动员进行自我监控只需:第一,采取面向群体的激励,不断提出挑战性的目标;第二,经常营造热烈场面和紧张竞争的气氛;第三,经常运用充满信任感的点头、有力的挥拳和浑厚有力的"嗨"的大喊等生动形象的激励手段,点到为止。

奥运会体操冠军运动员己的个性心理特征突出表现为外向、乐群,易与人相处,情绪稳定成熟,心理健康水平高(心理素质突出),专业成就感强烈,做事积极,有恒心,对自己要求较高,适应性强。其中,情绪稳定成熟、心理健康水平高和适应性强的个性使他遇事不惊,自控能力强,比赛中稳定性强,对变化的环境能自如应对,特别是在大赛中能表现出超常的稳定性和成功率。在中国体操队,运动员己的训练是最为积极、主动的,他极强的自控能力使教练员很少在他身上花费太多的时间和精力,他会为自己设置目标,然后去努力完成,每次他都是最后一个离开训练馆,而且很多次都是教练员把他撵出训练馆才罢休。在备战 2000 年悉尼奥运会期间,由于他总体实力不突出,在与队友竞争入选奥运会主力阵容时并不具备优势。也就是说,运动员己入选悉尼奥运会团体主力阵容的机会是非常小的。就是在这样的情况下,他不但不泄气,反而以乐观的情绪、执著的追求、极高的热情和更大的投入进行备战,终于赢得了中心领导和教练员的认可,最后关头被派首发上场,且在激烈的比赛中,又以稳定的表现,极强的自我监控能力达到了两场100%的成功。针对独立、适应性强、心理稳定等自我监控能力高的运动员,教练员激励的重点应突出:第一,采取面向群体的激励方式,为其设置挑战性的目标。运动员己曾经作为替补获得过世界体操锦标赛的团体冠军,但由于比赛中没有上过场,使得世界冠军的称号有点“虚”,所以,体操队征求他的同意,就没有上榜。当时,他就决心要以一名真正的、名副其实的世界冠军蹬榜,从此,荣蹬“世界冠军光荣榜”就成了他的人生宿愿。第二,尽可能地营造竞争气氛,通过比着练、“赌”着练的方式,满足运动员的竞争意识,使训练行为表现得更为积极、主动。

通过对两位自我监控能力高的奥运会体操冠军运动员激励问题的分析,我们发现,针对自律、自强、训练积极主动、情绪稳定、独立和适应性强的高自我监控型运动员,激励的方式多以面向群体设置的挑战性目标为主要激励手段,充分发挥运动员的自主能动性。同时,全面营造大赛的竞争气氛,以满足运动员的竞争需要,也是必不可少的有效手段。

3. 对具有强烈自尊心运动员的激励

自尊(self-esteem)也称自我肯定,是指人们喜爱或不喜爱自己的程度①。有关自尊的研究表明,自尊与成功预期成正相关性,自尊心强的人相信自己拥有工作成功所必需的大多数能力,相信自己有足够的能力胜任工作,且会对从事的工作较为满意。自尊心强是高水平运动员个性特征中表现最为突出的内容之一。作为高水平运动员必须对自己的能力充满信心,自信自己能够克服训练的艰辛,对成为世界冠军和奥运会冠军充满希望。只有具备这样高自尊的个性,运动员才能为实现奋斗目标不断地加大训练

① [美]斯蒂芬·P. 罗宾斯. 组织行为学[M]. 北京:中国人民大学出版社,2000.

的投入。具有高自尊个性的运动员,在行为上通常表现为上进心强,严于律己,争强好胜,普遍有一种自我保护的意识,不轻易受他人的影响,但易固执和情绪化。

研究发现,在中国男子体操队中,奥运会冠军运动员乙和世界冠军运动员庚的自尊个性表现较为突出。

运动员乙属于外向偏中性的性格,他的冷静寡言、冒险敢为、富有创造力、易固执和忧虑的特征与高自尊的个性密切相关。他通常给人的印象是冷静、寡言、老练,不轻易改变自己,对认准的事有着较为执著的追求,一旦自尊心受到了挑战,他就会爆发出无穷的力量和发挥自己的潜能来直面困难,迎接挑战,但有时对形成的错误认知,改变较慢。针对运动员乙自尊心强的个性特征,教练员通常以逆向激励(激将法)刺激他的自尊心,使他为了维护自身的形象,为了不在众人面前丢面子,产生“背水一战”、“豁出去”、“拼了”的情感变化,从而达到有效激发其训练积极性的目的。

在运动员庚的个性中,处事得体、有责任心、保守、固执的特征与自尊个性密切相关,在中国体操队,运动员庚的年龄最大,自尊心强的个性使他在训练中处处表现得不甘落后,对自己的训练充满了极强的责任感,只要是领导和教练员提出的要求,他都会自觉执行,并且非常尽心尽力,一旦没有达到要求,就会显得内疚和自责。针对运动员庚自尊心强的个性,教练员一方面采用“安排与水平相近的队友赌一把”、“以第一套的成功率,决定全体队员是否陪练”、“第一套穿便装完成”等手段,营造背水一战的竞争气氛,通过施压调动其训练的积极性。另一方面,从满足运动员庚渴望得到领导和教练员的肯定出发,经常对他良好的训练表现给予肯定,通过不断的鼓励提高其训练的自信心,以激发其训练的热情。平时在训练中,运动员庚总是会担心自己的表现得不到领导和教练员的认可,如果自己的训练没有让领导和教练员满意,他会显得惶恐不安,因此,对运动员庚不时给予正面鼓励就显得非常重要。

总之,对于高自尊的运动员,教练员可采取逆向激将、施压强迫和正面鼓励等手段实施有效的激励,其中,逆向激将和施压强迫在于迫使运动员为了维护尊严,激发起训练的热情;正面鼓励在于从提高运动员自信心的角度,强化运动员对成功的预期。

4. 对具有强烈责任感运动员的激励

这里所讲的责任感是指高水平运动员受职业环境影响,在个性中所形成的一种对国家、集体及个人需要尽全力奉献的意识和程度。我们通常所讲的对祖国、集体的培养尽责任,对自己的行为要负责,就是要求运动员要有责任感。责任感可以约束运动员的行为向着国家、集体需要和个人目标所要求的方向努力。特别是高水平运动员肩负着国家和人民的期望和重大的责任,为国争光,为集体作贡献的意识理应更强烈。尽管职业特点要求高水平运动员都要具有强烈的责任感,但受其个性差异的影响,每一名运动员所表现出的责任感的程度并不相同。

在中国体操队,运动员甲较其他队员有着更为强烈的责任感。在运动员甲的个性中,聪慧、外向、乐群、好强敢为、精明练达、富于想象等特征表现突出。运动员甲外向、乐群的个性,总使他成为人们注目的焦点,搞笑、外露、对队员坦诚相待是他生活中的典型行为特征。他的好强也是出了名的,在训练中,他从不服输,一旦某个动作或某一环节出了问题,他会不厌其烦地一遍一遍地练,直到高质量地完成。当有队员向他发出挑战时,他总会积极应战。他敢为、做事练达,从不躲躲闪闪,队里要求做的,他坚决执行。另外,运动员甲对国家、集体与个人之间的关系处理得非常好,他总会把国家、集体的利益置于个人利益之上,是最能为集体尽职尽责的运动员之一。运动员甲的乐群个性使他非常善于处理与领导、教练员和队友之间的关系,能从团队的利益出发,服从安排,与队友进行密切的协作。所有这些都反映了运动员甲对国家、集体负责和对自己负责的责任心。针对运动员甲的强烈责任感,教练员会对他委以重任,让他充当领军人物,在关键时刻发挥力挽狂澜的作用。比如,在大赛前每次的实战训练或阶段测验中,都会安排运动员甲在最容易出现失误的单杠上打头阵;每次在全体队员都身心疲惫的状态下,总是由他带头坚持,以带动全队的训练。因此,不时地给予运动员甲重任在身的感觉和形成领导、教练、队友对他殷切的期望感,是教练员对运动员甲采取的最有效的激励手段。

总之,对于具有强烈责任感的高水平运动员,最有效的激励就是把他置于运动员的核心地位,委以重任,通过满足其对国家、集体和个人负责的需要,调动起训练的积极性。

5. 对具有明显表现欲的运动员的激励

这里所讲的表现欲是指高水平运动员主动在公众场合展示自身高超技艺的欲望。具有强烈表现欲的运动员往往在公众场合易兴奋,渴望展示自己的技艺,希望自己的技艺得到公众的认可,由于对认可和成就需要获得满足的良好预期,这类运动员易在公众场合唤起激情,加大训练的投入。

在中国体操队,运动员丁相比其他运动员具有更明显的表现欲,这与他的个性特征密切相关。运动员丁年龄 18 岁,性格外向,个性聪慧、好强,情绪稳定,做事果断、冒险敢为,富有创造力,做事积极、机警,果断、独立的特征表现突出,其中,好强是最为突出的个性特征。凡事从不服输,特别是那种泰山压顶不弯腰的倔强和做事果断、冒险敢为的拼搏精神,更是在 2000 年悉尼奥运会的男子体操团体比赛中得到了充分的表现。针对运动员丁外向、好强,喜欢"逞能"的个性特征,教练员的激励方式主要采用不时地把全体教练员和运动员及工作人员的注意力转移到他身上,或是营造公众气氛、安排领导和亲属观摩训练,以满足其在"众目睽睽"之下展示自身技艺的欲望。因此,对于表现欲强烈的运动员,教练员的激励应以满足运动员被认可和成就需要为主,尽可能营造公众气氛,提供运动员展示自身技艺的机会。

6. 对意志力不强运动员的激励

这里所讲的意志力是指运动员克服训练困难,保持积极训练行为的能力。意志力的强弱是决定运动员能否成为高水平甚至是奥运会选手的重要因素之一。如果运动员有着较强的意志力，就会在训练作风、吃苦耐劳、不畏艰难、敢打敢拼等方面有积极向上的表现；如果运动员的意志力不强，在训练中就会出现训练作风差、有畏难情绪、退缩、缺乏吃苦精神等。作为一名运动员，若缺乏意志力，要想成为世界或奥运会冠军那将是非常难的。

在中国体操队，运动员戊的意志力相比其他运动员有着明显的不足。运动员戊意志力不强，一方面在于他外向的性格中，依赖性较强，对事物易敏感，爱多虑的特征表现较为明显；另一方面，也与他训练水平不高，能力不强有关。他主要表现在训练的自我控制、自我约束和训练主动性等较其他运动员差，有时会要一点小聪明，看教练员的脸色行事，训练上缺乏踏实感，情绪上易受外环境变化的影响，不够稳定。在大多数教练员的眼里，运动员戊的训练比较“疲”（主要是指缺乏训练的激情），训练中的“自我保护”（主要是指不全力投入训练，有意保存体力）意识很强，体力上总会有所保留。所有这些都与他意志力不强的表现密切相关。针对运动员戊的低自我监控、意志力不强的弱点，一般的说教很难有效帮助他克服自身惰性。为此，教练员采取了“逼”的方式，不给他留退路的强制手段，来激发其训练激情。我们知道，中国体操队黄玉斌总教练的训练非常严厉，对运动员的要求，特别是在大场面上提出的要求，总是说一不二。对运动员戊的激励，黄指导采取的是不给他留“后路”，即有意在大场面上提出对他的要求，并明确完不成要求的处理办法，让大家监督其训练。实践证明，这种激励手段对于激发意志力不强运动员的训练激情是非常有效的。

综上所述，对于自律、自强，训练积极主动，情绪稳定，独立和适应性强的高自我监控型运动员，应以设置挑战性目标和营造大赛的竞争气氛为主，通过调动运动员的自主能动性进行激励；对于高自尊的运动员，可采取逆向激将、施压强迫和正面鼓励等手段触动其自尊心进行激励；对于具有强烈责任感的运动员，最有效的激励是委以重任，通过满足其对国家、集体和个人负责的需要,赋予责任感和被期望的感觉调动其训练的积极性;对于做事积极、情绪稳定、争强好胜、表现欲强烈的运动员,激励应以满足他的被认可和成就需要为主,尽可能营造公众气氛,提供其展示自身技艺的机会;对于多虑、缺乏自控能力,意志力不强的运动员应采取不给他留退路的强迫式手段,逼迫他背水一战。

第六章　高绩效集训队团队的塑造

一、高绩效团队的特征

(一)团队的概念

唐·荷尔瑞格等认为,团队是由一小批具有互补技巧和知识的个体成员,致力于实现共同的目标,而形成的互有责任的互动关系①;李剑峰、孙时进等认为,工作团队是由数名知识与技能互补,彼此承诺协作完成某一共同目标的员工组成的特殊群体②③;郑晓明认为,工作团队通过其成员的共同努力能够产生积极的协同作用,使绩效水平远远高于个体成员绩效的总和④。

我们由上可知团队具有三个明显的特征,首先团队具有明确的共同目标;其次,团队成员的数量是有限的,而且在知识与技能方面具有互补性;最后,团队成员可通过相互之间的协作,形成大于个体成员绩效之和的合力。

团队与普通群体有着明显的区别。美国著名心理学家斯蒂芬·P.罗宾斯从目标、协同配合、责任和技能四个方面对工作群体与工作团队进行了比较,具体见图15⑤。通过分析我们发现,第一,普通群体的绩效仅仅依赖于每一个成员的贡献;工作团队的

---

① [美]唐·荷尔瑞格,小约翰·W.斯劳卡姆,理查德·W.渥德曼.组织行为学[M].第八版.胡英坤,等,译.沈阳:东北财经大学出版社,2001.

② 李剑锋.组织行为管理[M].北京:中国人民大学出版社,2000.

③ 孙时进,等.管理心理学[M].北京:立信会计出版社,2000.

④ 郑晓明.组织行为学[M].北京:经济科学出版社,2002.

⑤ [美]斯蒂芬·P.罗宾斯.组织行为学[M].北京:中国人民大学出版社,2000.

绩效既依赖于个体的贡献,也依赖于集体的协作成果。第二,对于普通群体,工作成果由个体自己负责;对于团队,工作成果既要个体负责,又要共同负责。第三,工作团队不仅应像普通群体那样,具有共同的目标,而且还要有共同的承诺。第四,普通群体的成员在技能方面没有严格的要求,而团队成员的技能必须具有互补性。

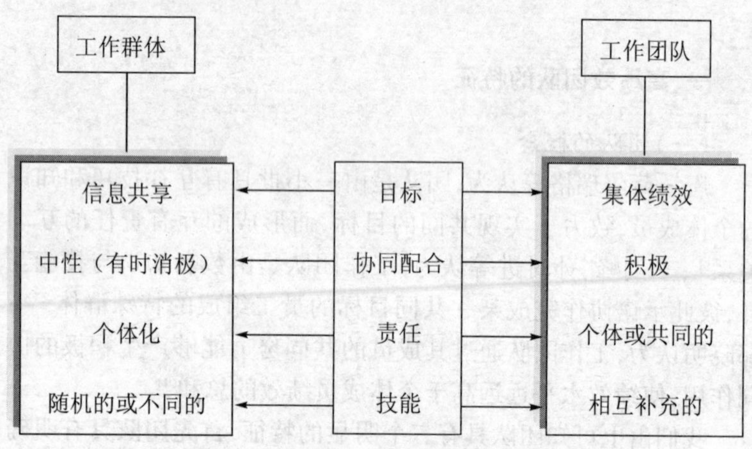

图 15　工作群体与工作团队的比较

(二)团队的作用与任务

1. 团队的作用

在多变的环境中,团队比传统的部门结构或其他形式的稳定性群体更灵活、反应更迅速。具体来看,团队成员一致性的目标和共同的利益,有助于成员主动参与团队事务,形成民主决策氛围;团队大力倡导的团队精神,可以促使团队成员相互间的协作和支持;团队可以有效地约束个别成员存在的自由散漫和疏于自律的行为,有利于提高团队成员的自律性,形成协调一致的行动;团队成员技能的互补性强,由他们参与决策,可以使决策的过程更快捷,决策结果更准确、更有效;团队可以使成员之间形成优化组合搭配,充分发挥集体的智慧和力量;团队可以有效提高成员对团队的责任心,易于接受新观念、新思想,提高团队的整体创新能力和适应性[①]。

2. 团队的任务

团队所追求的就是团队成员为了实现共同的绩效目标而形成的一种约定，而共同的绩效目标就是团队要完成的任务。作为一个团队，任务可以是对客户 24 小时的服务，也可以是未来一个季度产品的生产数量；可以是达到某一产品质量的 ISO9002 国际认证标准，也可以是参与行业竞赛取得名次上的量化指标，等等。由于团队是在普通群体概念上组成的具有更高工作效率的特殊群体，团队成员之间具有高度信任、密切协作、共同承担责任的团队精神，在功能上可以达到个体协作后的功能放大作用，因此，作为一个有效运作的团队可以完成一般性群体难以完成的难度大、复杂性高的任务。

总之，团队的作用就在于对团队成员的努力程度及成员之间的协同作用产生积极的影响，使团队的绩效水平远大于个体成员绩效的简单累加，最大限度地提高团队的整体绩效水平，完成难度大、复杂性高的艰巨任务。

（三）高绩效团队的特征

美国著名心理学家斯蒂芬·P. 罗宾斯认为，高绩效团队应当是规模较小；成员都具有技术的、解决问题的、决策的、处理人际关系的技能；成员的行为与角色和谐一致；可献身于共同的目标；有领导的大力支持和正确导向作用；具有完善的评估和奖酬体系，可保证成员在个人与团队层次上都保持高度负责精神以及成员之间要保持高度的信任等。同时，他认为高绩效的团队更适合于重视集体主义精神的国家，而要成为高绩效团队的一名优秀成员，个体必须学会与别人进行公开、坦诚的沟通，学会面对个体间的差别，学会把个人的目标升华为团队的利益[②]。李剑峰博士（2000 年）认为，高绩效团队应具有很强的核心价值观，分工要明

① ［美］斯蒂芬·P. 罗宾斯. 组织行为学［M］. 北京：中国人民大学出版社，2000.

② ［美］斯蒂芬·P. 罗宾斯. 组织行为学［M］. 北京：中国人民大学出版社，2000.

确,不但要把总目标转变成各项具体的绩效指标,而且成员之间必须进行多种技能组合,发挥出高度的创造力。

总之,高绩效团队具有规模较小、成员间技能的互补性强、有着非常明确的绩效指标、具有完善的奖酬体系、成员有着极强的协作精神和高度的相互信任感等特征。

二、大赛前集训队的组建

(一)大赛前集训队组建的目的

在我国,运动管理中心是一个单项组织,国家队属于单项组织管辖范围内的群体,国家队按不同的层次又可分为男队、女队、后勤服务、医务及科研等具有不同工作性质的次群体。在通常情况下,不同层次的群体只具有一般性质上的群体特征,而我们所指的大赛前集训队则是高水平的运动队,这是为完成重大比赛任务,从各群体中抽调出的技能出众、集体主义观念强烈的教练员、运动员、队医、管理人员及科研工作人员组成的特殊群体。组建集训队的目的就是要使参与大赛的所有人员树立共同的训练、比赛目标并为实现该目标作出共同的承诺。在集训队中,每一名成员都有着明确的具体任务,相互之间通过加强协作发挥出集体的智慧和力量,并要达到 1 + 1 > 2 的效果。

(二)大赛前集训队的人员构成

大赛前集训队的人员构成,视比赛的性质、规模、重要程度和任务完成难度的不同而有所不同。以参加奥运会为例,由于比赛的难度大、任务艰巨,集训队就需要由来自不同层次群体、具有不同技能和技术特点的优秀教练员、运动员、队医、管理人员及科研工作人员共同构成。通常,大赛前集训队的人员构成包括决策人员、执行人员和服务人员,其中,执行人员是团队构成的中心,决策人员和服务人员的工作重心,都是围绕和满足这一中心而展开的(见图 16)。

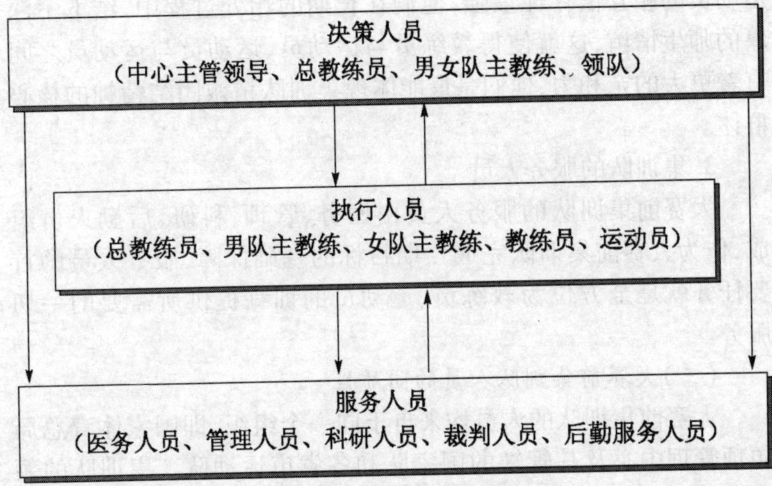

图 16　大赛前集训队的人员构成

1. 集训队的决策人员

大赛前集训队决策人员通常是由中心主管领导、总教练员、男女队主教练、领队等人员组成。决策人员的任务在于确定执行人员和服务人员的职能、任务，协调各层次人员之间的关系。决策人员决策的科学性、有效性和协调能力是保障大赛前集训队有效运作的前提。大赛前集训队各层次人员的任务、分工以及各层次人员的协作都是通过决策人员来确定和协调实现的。

2. 集训队的执行人员

大赛前集训队的执行人员是由教练员、运动员组成，他们是完成比赛任务的直接执行者。教练员、运动员的共同任务在于通过训练，提高运动员自身的竞技能力，通过比赛取得优异的比赛成绩，完成大赛任务，实现集训队的预期目标。因此，执行人员的现实表现，是决定大赛前集训队能否实现预期目标的决定性因素。之所以这么说，是因为集训队的一切工作都是围绕教练员与运动员的训练工作而展开的，一旦失去教练员和运动员，集训队就失去了存在的意义。另外，在集训队的人员构成中，教练员与

运动员的相互依存性最强，他们在长期的相处过程中，结下了深厚的师生情谊，这就使得教练员与运动员、运动员与运动员之间有着更大的亲和力，他们是最能体现集训队精诚团结精神的核心群体。

3. 集训队的服务人员

大赛前集训队的服务人员由医务、管理、科研、后勤人员组成，作为大赛前集训队完成预期目标的基础保障，服务人员的首要任务就是全方位为教练员、运动员的训练提供所需要的一切服务。

(三)大赛前集训队人员的同质性

大赛前集训队的人员均来自于同一个组织，即国家体育总局单项管理中心及其管辖的国家队和各省市运动队。集训队的领导及教练员都有着相似的运动经历，丰富的训练、比赛的实战经验和应对意外事件的应变能力。集训队的医务、管理、科研、后勤服务人员也都具有为保障大赛顺利备战的丰富工作经验。提高运动技术水平，取得优异的运动成绩，是他们的共同目标。由于构成大赛前集训队的人员在上述方面的相似性，决定了大赛前集训队的人员构成具有同质性特征。组织行为学认为，由同质性成员构成的团队，其典型特征就是团队成员之间能保持高度的协调一致，相互之间容易沟通、极少产生矛盾，会使团队决策变得迅速，能有效提高工作效率。

(四)大赛前集训队人员的互补性

大赛前集训队的人员构成必须具有互补性，只有这样才能形成最佳的组合搭配，提高集训队的运作效率。要使大赛前集训队人员的构成具有较强的互补性，就需要提倡团队成员的多元化。过去，人们通常认为多元化成员的组合对团队运作的消极作用大于积极作用，其理由是，所有团队成员都想发挥个人的主导作用，成员之间会存在更大的排斥性，而这些都有背于团队提倡的协作精神。但现代多元化的概念指出，团队应允许个人获得新能力、形成新观念，促进与团队内成员之间的有效交往和协作。也就是说,团队在要求成员以积极的态度与他人进行交往和相处,并为同一个目标相互信任、密切协作的同时,成员更要发挥自己的聪明才智,为实现团队目标作贡献。为避免成员之间存在的排斥性,集训队大力培育权威者,形成主导力量。具有高成就和绝对权威的成员,无论是领导者还是教练员、运动员或管理、医务人员,都必然会成为团队的主导力量,这种主导力量会无形中形成大赛前集训队的主流价值观。主流价值观的形成会有效削弱多元化团队中最易出现的"内耗"带来的不利影响,自然形成一致公认和令人信服的团队核心。

要提高大赛前集训队成员构成的互补性,应从决策人员、执行人员和服务人员三个层次进行考虑。第一方面,决策人员应由懂专业、懂技术、威望高、能力强的领导者担任。中国体操队、乒乓球队、射击队等高水平运动队的成功经验,充分证明了这一点。第二方面,执行人员作为团队(集训队)的核心群体,运作的有效性在相当大的程度上取决于总教练的工作绩效和运动员的选拔。集训队总教练不但要有训练上的成功经历,而且还要具备控制和驾驭整个训练过程的能力,要善于学习、勇于创新和敢于献身。中国体操队的总教练黄玉斌、乒乓球队的蔡振华、羽毛球队的李永波、射击队的许海峰、跳水队的周继红等都是这样。在运动员人选问题上,不同的夺冠目标,其确定运动员人选的策略也不同。中国体操队在备战2000年悉尼奥运会的运动员人选确定上,男运动员是以团体优先兼顾单项,女运动员以突出单项为重,男运动员的人选主要是以全能兼单项型的选手为主,力求在团体比赛中,形成运动员强弱项的相互弥补,女运动员人选则以单项突出的选手为主,力求在平衡木和高低杠两个单项上取得突破。第三方面,服务人员应配备懂专业、责任心强的科研、医务、管理及后勤保障人员,以确保运动员训练、比赛的正常进行。

三、大赛前集训队的塑造

大赛前要把集训队塑造成一个高绩效的团队,就需要以高绩

效团队的特征为标准，根据高水平运动队的职业特点进行考虑。研究发现，要把集训队塑造成一个高绩效的团队应重点营造竞争与合作的良好人际关系、增强团队凝聚力、合理控制运动员的角色过程、充分发挥群体规范的作用和形成权威的领导核心，做到正确无误的决策。

（一）营造竞争与合作的良好人际关系

我们知道，任何一个团队如果具有良好的人际关系，那么，成员之间的感情就会融洽，工作时心情就会舒畅，团队的士气就能得到有效提高，就能充分调动成员工作的积极性和创造性，提高工作效率；相反，如果人际关系不好，成员之间关系紧张，相互猜疑，就会使工作效率降低，团队绩效水平下降。因此，作为大赛前的集训队，必须重视营造集训队既竞争又合作的良好、融洽人际关系，充分发挥良好人际关系对提高集训队工作效率的促进作用。

组织行为学认为，“竞争与合作”在人的行为过程中相互依赖、相互制约，形成对称和制衡，社会心理学称之为对称性的社会互动。“竞争与合作”，在形式上是对立的，但在人的行为过程中则是互为依托的。作为集训队的运动员，一方面，为了实现团队的目标，需要具备极大的合作精神；另一方面，为了体现自身的价值，确立在集训队中的主力地位，就需要与队友进行竞争。这样就形成了合作之中有竞争，竞争之中有合作，竞争与合作相互交合的人际特点。“竞争与合作”型人际关系是众多人际关系中的一种，作为集训队必须努力营造“竞争与合作”型的良好人际关系，为把集训队塑造成一个高绩效的团队提供人际关系上的保障。

（二）增强团队的凝聚力

高绩效团队的一个典型特征就是团结协作，有着极强的凝聚力。要把集训队塑造成一个高绩效团队就必须努力增强集训队的凝聚力。

实践证明，高凝聚力有助于降低运动员的紧张情绪，提高运动员对集训队的忠诚感；有助于提供一个良好的环境，有效发挥集训队的动力；有助于提高运动员的士气，使其形成积极进取、顽强拼搏的精神；有助于增强运动员主动参与团队事务的意识，使其形成为团队高度负责的态度。总之，高凝聚力有助于集训队整体战斗力的提高，形成一致性行动和营造战胜对手的气势，在比赛最艰难的时刻，凭借队员齐心协力和团结一致的拼搏精神，共同克服困难、克敌制胜。就是说，提高集训队的凝聚力是把集训队塑造成高绩效团队的重要手段。

（三）合理认定运动员的角色

集训队中，不同层次的人员由于技能和职责的不同，决定了各自扮演的角色会有明显的差异。即使在同一层次的群体中，由于责任程度、经验、技术特点、分工甚至是承受压力能力的不同，角色的扮演也会有轻重之分。大赛前集训队成员的角色，在很大程度上扮演的都是指定角色，是教练员根据成员技能、特点和实际需要进行划分和指定的，轻易不会发生改变。因此，大赛前集训队的塑造，关键是要引导运动员按照指定角色定位。

（四）充分发挥群体规范的作用

大赛前集训队的塑造要充分利用高水平运动队群体规范的引导和约束作用。所谓规范，就是群体成员应共同接受的一些行为标准。群体规范让群体成员知道自己在一定的环境条件下应该怎么做，不应该怎么做。从个体的角度看，群体规范意味着在某种情况下群体对个体的行为方式的期望。组织行为学认为，一个群体非正式规范所起的作用将远大于正式规范。任何一个高水平运动队，都有着关于教练员、运动员、后勤人员、医务人员的成文的规章制度和行为条例等正式规范，同时，也有着各运动队特有的非正式规范。非正式的群体规范虽然是不成文的、约定俗成的、很难用语言来表达的，但在现实中，这些非正式的群体规范对大赛前高绩效集训队的塑造起着举足轻重的作用。实践证明，非正式的群体规范确实可以有效地约束团队成员的行为，为塑造高绩效的集训队发挥巨大作用。

（五）形成权威的领导核心，做到正确无误的决策

塑造大赛前高绩效集训队的一项重要内容就是要形成集训队权威的领导核心，做到正确无误的决策。大赛前的集训队是由极其优秀的教练员和运动员所组成，对这一特殊群体的管理，领导必须具有权威性。也只有懂专业的权威性领导才能准确把握运动训练的内在规律，才能对高水平运动队训练过程中的各种问题进行正确无误的决策，才能有效统领集训队高效率运作。另外，大赛前集训队领导决策的正确与否，小则关系到运动员训练行为的控制、比赛预期目标的实现，大则关系到运动员的前途，甚至是决定着项目发展的方向及未来的兴衰。因此，在塑造集训队的过程中，必须努力形成权威的领导核心，保证大赛前决策的正确无误。

综合来说，大赛前高绩效集训队的塑造就是要把集训队组建成一个关系融洽、凝聚力高、角色定位合理、具有高标准群体规范和权威领导核心的高绩效团队，笔者暂且把它们称之为大赛前集训队塑造的五要素。这五要素的具体内容将在以下几个专题中进行深入探讨。

第七章　营造竞争与合作的良好人际关系

一、运动员之间的人际关系

(一) 人际关系的概念

从社会交往的角度看,人际关系是个体之间在社会活动中形成的以感情为纽带的相互联系,或是群体成员之间相互交往和联系的状态。从静态的角度看,人际关系是人与人之间通过动态的相互作用形成的情感联系。从日常生活的角度看,人际关系是人与人之间由于社会位置和担负的社会角色所带来的社会角色关系①。综合来看,人际关系本质上是一种社会关系,这种特殊的社会关系不仅影响人们的心理状态,而且对社会群体的社会实践起着重大作用。人际关系的基本指向,是人与人之间建立与维持一定的相互接纳和支持的友好情感,它遵循的是人的情感心理规律。人际关系渗透在所有的社会角色关系之中。社会角色关系的基本指向是人与人之间通过交往合作,履行社会角色,执行个人的社会职责。人际关系遵循社会现实原则,受社会习俗、伦理、政治和法律等原则的支配。

(二)人际关系的作用

良好的人际关系可以有效增强集训队的内聚力,使成员之间的感情融洽、心情舒畅、士气高昂,可以有效发挥运动员训练的积极性,提高训练的效果。

---

① [美]斯蒂芬·P. 罗宾斯. 组织行为学[M]. 北京:中国人民大学出版社,2000.

1. 良好的人际关系有助于运动员心理的健康发展

我国著名的心理学家丁瓒教授曾经指出，人类的心理适应，最重要的就是对人际关系的适应[①]。实践证明，随着人际关系环境的协调，一些心理疾病总会得到不同程度的治愈。就人际关系影响人的心理健康的问题，心理学家还从不同的角度做过大量研究，结果证明，健康的个性总是与健康的人际交往相伴随的。奥尔波特发现个性成熟的人，会同别人有良好的交往和融洽的关系；马斯洛发现，心理健康水平高的"自我实现"者，可以很好地接纳别人，对别人有更强烈、更深刻的友谊和更崇高的爱。

运动员的心理发展是保障其运动技术水平不断提高的心理基础。如果一名运动员长期缺乏与队友的积极交往，缺乏稳定的良好人际关系，就会出现压抑、敏感、自我防卫、难于合作的缺憾，这对于需要密切合作、协调一致的集训队来讲，是非常危险的。反之，如果运动员能保持融洽的人际关系，其心态就会以欢乐、注重训练成就、乐于通过与队员的积极配合、协调一致的行动达到训练要求、乐于与队友交往和帮助队员为主流，长此以往，运动员的心理就会向着健康的方向发展，为技术水平的提高做好心理方面的准备。

2. 良好的人际关系有助于运动员需要的满足

虽然由比赛成绩带来的荣誉、奖金和地位会使运动员产生极大的满足感，但健康的人际交往与良好的人际关系带来的满足感会更直接、更长久、更深刻。心理学家的一项研究发现，自20世纪30年代以来，人们的金钱收入一直呈上升趋势，但对生活感到满意的人的比例依然稳定在原来的水平。1977年心理学家克·林格(E. K . Llinger)做过这样一项调查，当人们被问及"什么使你的生活富有意义"时，几乎所有的人都回答，亲密的人际关系是最重要的[②]。本研究的调查也发现，虽然高水平运动队运动员

① 边一民，等. 组织行为学[M]. 杭州：浙江大学出版社，1998.

② 李剑锋. 组织行为管理[M]. 北京：中国人民大学出版社，2000.

之间存在着激烈的竞争，但对保持与队友之间正常的人际交往和良好人际关系的需要，是无法被金钱、成功、名誉和地位所取代的。由此说明，良好的人际关系对于运动员满意感的产生具有积极意义，因此，注重培养运动员的良好人际关系对提高运动员训练和生活满意度至关重要。

3. 良好的人际情感关系有助于运动员行为的一贯性

人际情感关系是运动员在长期的训练和生活过程中，与队友、教练及领导之间通过社会角色关系与情感上的相互依赖而形成的、影响力持久而深远的人际关系。队员之间形成的亲密朋友关系，师徒之间形成的亲情关系，队员与领导之间形成的信任关系等都是人际情感关系的具体表现。运动员受良好情感关系支配，其行为指向会很明确，一贯性行为特征表现突出。这种一贯性的行为表现，有利于队员之间的相互了解和在比赛中的默契配合，有利于教练员与运动员之间的真情交流和相互理解，也有助于教练员对运动员心理变化的准确把握，有利于战略、战术的贯彻与执行。运动员之间、运动员与教练及领导之间形成的人际情感关系，完全有别于人际目的关系，人际目的关系是通过交往目的是否达成来实现的，它具有明显的短期性、利己性和不稳定性的特征，往往只影响具体的、表面的行为，通常难以影响运动员的内在深层态度、价值观念和左右运动员的一贯性行为。

4. 良好的人际关系有助于团队凝聚力的提高

良好的人际关系有助于集训队凝聚力的增强；相反，人际关系紧张、矛盾重重、摩擦不断，集训队就会涣散或缺乏斗志。

良好的人际关系是增强集训队凝聚力，提高训练效果的必要前提。就运动队来讲，运动员是运动队的细胞，运动队人际关系的好坏，将直接影响运动员的心理健康，影响运动员对训练过程的满意感，影响运动员训练的态度和训练行为的积极性①。如果

---

① Stephen P Robbins. Organizational Behavior (Sixth Edition), concepts, Controversies and Application[M]. Prentice Hall International ,Inc. 1993.

运动员之间、运动员与教练及领导之间的感情融洽、心情舒畅,能够相互信任、相互体谅、相互支持,运动员训练和比赛的积极性就会高,凝聚力就会增强。如果运动员之间、运动员与教练员及领导之间相互不满、互相猜疑、相互戒备,就很难调动运动员训练、比赛的积极性,更无凝聚力可言。

总之,人际关系好,人与人之间感情融洽、心情舒畅,集训队的士气就能提高,运动员就能有效发挥训练的积极性,相反,人际关系不好,人与人之间关系紧张、相互猜疑,就会使集训队效率降低,绩效水平下降。因此,在塑造高绩效集训队的过程中,必须重视改善人际关系,为运动员创造一个良好的人际环境,充分发挥良好人际关系对高绩效集训队塑造的作用。

二、优秀运动员之间的人际特点——竞争与合作

"竞争与合作"型人际关系是众多人际关系中的一种。竞争与合作是一个事物的两个方面,合作中有竞争,竞争中有合作。竞争与合作在人的行为过程中相互依赖、相互制约,形成对称和制衡,社会心理学称之为对称性的社会互动①。虽然竞争与合作在形式上是对立的,但在人的行为过程中则是互为依托的。为大赛所组建的集训队,一方面要求运动员必须具备合作精神,另一方面又鼓励运动员之间通过竞争体现自身的价值。因此,竞争与合作的相互交合,就成为集训队运动员之间最典型的人际特点。

(一)竞争

竞争是指在冲突中为寻求自我利益的满足而形成的人与人、群体与群体之间对于一个共同目标的争夺过程②。竞争是运动员参与训练、投入比赛的原动力。竞争就是争优劣、比高下、赛胜负的较量过程,没有竞争的存在,运动员就会缺乏激情,就无法有效地调动运动员的训练积极性。因此,鼓励运动员之间的竞争是促

① [美]斯蒂芬·P.罗宾斯.组织行为学[M].北京:中国人民大学出版社,2000.
② 李剑锋.组织行为管理[M].北京:中国人民大学出版社,2000.

进运动员技术水平不断提高的基础,也是运动竞赛过程中不断激励运动员加大训练投入的刺激因素之一。对于高水平运动员,竞争不仅仅是在比赛场上与对手的较量,在集训队内部运动员之间的竞争也是非常激烈的。对于体操、乒乓球、射击、跳水、羽毛球、举重等比赛项目,中国在世界上处于遥遥领先的地位,国家队的许多运动员都具有夺取奥运冠军的实力,但受参赛名额限制,不可能所有的运动员都参加比赛,必须进行队内的竞争选拔。奥运会主力阵容的选拔过程,要综合考虑运动员个人的成绩、名气(评分项目)、赛前竞技状态、心理稳定性、项目的搭配、战术安排及其他社会因素的影响,其复杂程度、难度大小比直接参与奥运会赛场上的竞争有过之而无不及。由于奥运会与全运会直接挂钩,使得表面上看似运动员之间为争夺参赛资格的竞争,又成了运动员所代表省市之间利益的竞争,这就更增加了竞争的激烈程度。对于全运会竞争中被淘汰的世界一流选手,也就没有机会参加奥运会,其本身的残酷性是无法用语言来描述的,而且有些运动员由于年龄的限制,以后将永远无缘奥运会,遗憾和痛苦将会伴随一生。

尽管竞争会给许多优秀的选手带来痛苦,但“物竞天择,适者生存”,这就是竞争的普遍规律,是推动社会进步的动力。正如列宁所说:“竞争在相当广阔的范围内培植进取心、毅力和大胆首创精神。”这一深刻的道理就预示着作为世界顶尖级的运动员不但要时刻面对竞争,而且要具备接受竞争失败的思想准备和良好的心态。

(二)合作

合作是指两个或两个以上的人或群体为了满足双方的利益需要及寻求相互受益的结果,自觉或不自觉地在行动上相互配合的一种行为方式,也是群体中的个体为了达到共同的目标而齐心协力、相互配合的一种协作性行为。心理学研究表明,当相互作用的各方有着共同的目标或达到该目标的共同途径时,就最可能出现合作的活动。

当前,集训队的塑造已越来越注重和强调运动员之间的相互帮助、相互支持、相互关心,使运动员个人的力量,借助于相互间的协作,发挥出最大的整体效益。合作有助于加强运动员之间的信息沟通和增进彼此间的了解,有助于增强协作意识,有助于形成"共存共荣"的强烈责任感。当然,要使运动员加强合作,就必须使运动员具有共同的目标和利益。我们知道,集训队倡导的是团体精神,注重的是集体利益,运动员的共同目标是争取团体比赛的胜利,运动员是通过团队目标的实现,获得个人精神和物质需要满足的。合作是合作者联合起来为相互利益而协调一致的活动,活动结果不仅有利自己,同时也要有利于对方。只有运动员各方利益保持一致才会产生真正的合作,把运动员凝聚起来。由于集训队共同的目标可以使运动员获得各自的利益需要,因此,就使得运动员之间的合作成为可能。

总之,合作与竞争是事物的两个方面,运动员要想在比赛中战胜对手获取胜利,仅有竞争的意识而缺乏队员之间的合作是难以成功的。合作中有竞争,竞争中有合作,竞争能够激发运动员的斗志,合作则会增大团队的竞争力,达到 1 +1 >2 的放大效应。因此,只有处理好运动员"合作与竞争"型的人际关系,才能保障把集训队塑造成一个高绩效的运动队团队。

三、营造良好的合作与竞争型人际关系

"超越竞争,力求合作"是处理集训队运动员人际关系应遵循的重要原则。也就是说,集训队在鼓励运动员之间竞争的同时,应更加注重运动员之间的合作,任何形式的竞争都不能超越合作,不能为了个人利益影响到集训队的利益。作为个体的运动员为了自身利益、荣誉、地位的获取,往往会驱动自己进行无休止的竞争,而忽视合作的重要性。因此,教练员必须避免集训队员之间的无序竞争,否则,就会像荷兰国家足球队一样,运动员各自实力强、名气大、身价高,但由于缺乏合作,在世界杯赛中的表现,总是无法令人满意。

（一）建立有序的双赢竞争机制

在集训队，运动员之间的竞争是不可避免的，没有竞争就会缺乏朝气和失去拼搏的动力。当前，中国高水平运动队内部竞争机制的建立已相当完善，运动员之间的竞争完全处在可控制之中，其目的就是使运动员之间的竞争达到有序化，避免无序状态。无序的竞争会使运动员为了自身的利益不顾一切、不择手段地损害队友的利益，甚至损害集体的利益，其结果不但会极大地打击其他队员的积极性，也会导致集训队目标的无法实现。中国体操队、乒乓球队、射击队等高水平运动队，已把鼓励运动员有序的内部竞争，作为激励运动员动力的有效手段。内部竞争机制的核心，就在于通过引导运动员之间的竞争，激发运动员训练的激情，通过贯彻既不损害队友，又能帮助自己的竞争精神，使运动员做到超越竞争，由竞争走向合作，最终达到既有利于实现运动员的个人价值，又有利于集体目标实现的双赢效果。

（二）抓团队促合作

要营造集训队良好的“竞争与合作”型人际关系，除了要建立有序的双赢竞争机制外，倡导团队精神、力求合作也是必不可少的重要一环。

1. 建立团队至上的群体规范

运动员之间是采取竞争行为还是合作行为，受群体规范的影响很大。集训队鼓励运动员之间的有序竞争，但更加提倡运动员之间的合作行为。合作意味着团结，合作意味着步调一致的行动，合作意味着集各人所长形成绩效的放大作用，合作还意味着有效的训练管理。因此，建立团队至上的群体规范已成为营造集训队良好人际关系的重要内容。

团队至上的群体规范内涵在于对那些有合作意识、懂得与队友协作配合的运动员要给予支持、表扬和奖励，对于缺乏合作意识，以“唯我主义”为中心的运动员则给予教育、引导、制约甚至惩罚，用群体规范限制“窝里斗”行为，努力营造出超越竞争、力求合作、精诚团结、一致对外的集训队人际关系。我们知道，运动员在

进入集训队之前,可以不受集训队高标准行为规范的约束,但是一旦他们进入集训队,就必须交出个人行为的控制权,使个人的行为非个人化。当然,作为来自于社会人的个体运动员,不容易自愿地产生合作的意愿和为集训队目标的实现作出个人的牺牲,这中间就需要有诱因的存在。所谓诱因,是指组织对成员个人的奖励,这种奖励可以是物质的,也可以是精神的。切斯特.巴纳德认为只有当组织给予的奖励大于或等于个人为组织所作出的贡献时,个人才有可能为组织目标的实现作出个人的努力和贡献。因此,集训队对运动员合作精神的培养,不但要教育运动员超越竞争的束缚,而且要有效地利用群体规范制约运动员,并通过必要的物质及精神上的回报,来满足运动员对利益、荣誉、地位的追求。总之,团队至上的群体规范可有效促进运动员之间的交流,增加彼此间的信赖,形成充满合作气氛的竞争环境。

2.强化运动员之间个体目标的相关性

研究证明,当人们相信彼此间要达到的目标高度相关,必须通过有效的合作才能实现时,人们的期望行为就会指向合作[①]。实践表明,集训队要想在激烈的竞技场上取得成功,必须依靠集体的力量,通过运动员之间的密切合作来实现。运动员的训练目标虽然不同,但彼此间并不孤立,一名运动员向目标的迈进就意味着其他运动员更接近目标,运动员处在这种合作的关系中,都会彼此期望能有效地向目标迈进。运动员的个人利益与全队的集体利益保持一致,全队的成功就代表着运动员个体的成功。因此,强化运动员个体目标的高度相关性和相互依存的内在关系,是加强运动员合作的有效手段之一。

3.以团队精神武装运动员头脑

我们知道,集训队的核心群体是由数名知识与技能互补,彼此承诺协作完成某一共同目标的教练员和运动员组成的。集训队绩效水平的高低既要运动员个体负责,又要全体运动员共同负

① 李剑锋.组织行为管理[M].北京:中国人民大学出版社,2000.

责，而要做到共同为集训队绩效水平负责，就需要为运动员树立起一个共同的奋斗目标，并且要求运动员为实现这一目标作出共同的承诺。一句话，就是要以团队精神武装运动员的头脑，使运动员树立集体观念，形成共同的价值观，借助于共同的承诺走向合作。

综上所述，竞争与合作是集训队运动员的人际特点。对于运动员之间竞争与合作关系的把握，是教练员处理运动员人际关系的关键。在营造集训队良好的“竞争与合作”型人际关系的工作中，教练员要重点抓好两方面的工作：一是要建立起有序的双赢竞争机制，使运动员形成既帮助自己又帮助别人的竞争理念；二是要把抓团队促合作作为工作的重点，使运动员为了集训队的共同目标，加强合作，发挥出团队优势的巨大潜力。

第八章 增强集训队的凝聚力

一、凝聚力概述

（一）凝聚力的概念

群体凝聚力又称群体凝聚性或内聚力，它是使群体成员保持在群体内的合力，是群体中人与人之间、个体与群体之间的一种相互关系的反映，是群体成员愿意留在群体的程度，是建立在群体成员之间亲密关系基础之上的相互吸引力①。由此我们可以得出，群体凝聚力具有以下几方面的特征：一是凝聚力是发生在群体内部的；二是群体要对成员具有吸引力；三是成员要对群体有亲和力；四是成员之间通过相互交往，保持有亲密的关系；五是成员应该是自愿而不是被强迫地留在群体中。

（二）凝聚力的作用

凝聚力可以形成集训队员的高昂士气和提高战斗力。有研究表明，高凝聚力的团队比低凝聚力的团队有着更高的士气和满意度，更有利于发挥出集体的力量②。俗话说，“集体的力量是无穷的”，集训队只有在增强凝聚力上下工夫，才能形成集训队员的高昂士气，提高集体战斗力，在比赛中，形成勇往直前的气势。中国体操队就是一个高凝聚力的团队。在2000年悉尼奥运会上，中国体操队勇夺男子团体金牌的表现充分说明，中国体操队的高

① 周文霞，等.组织行为学教学案例精选[M].上海：复旦大学出版社，1998.

② 布恩·埃克斯特兰德.心理学原理和应用[M].韩进之，等，译.北京：知识出版社，1985.

凝聚力使运动员形成了高昂的斗志和积极进取、顽强拼搏的精神。

凝聚力有助于增强运动员参与集训队事务的意识。高凝聚力可以使运动员在参与各类活动中，通过相互间的支持和沟通，增进感情，获得心理上的满足，有效提高参与集训队事务的积极性。

组织行为学的研究表明，团队的凝聚力越强，成员行动的一致性程度越高①。集训队的凝聚力强，就有利于集训队员行动的高度一致性。中国体操队、中国乒乓球队等高水平运动队的诸多经历表明，每当比赛最艰难的时刻，都是凭借教练员、运动员的齐心协力、步调一致的行动和团结拼搏的精神，才达到克敌制胜的。集训队员行动的高度一致性，既有助于教练员对运动员行为的控制，同时，也可向外界充分展现集训队高水平的职业素养，给对手形成威慑。

凝聚力有助于提高运动员对集训队的忠诚感，增强集训队的动力。中国体操队的多年辉煌，无一不是在与强劲对手不断拼搏的环境中摸爬滚打，从失败到成功，一步一个脚印，伴随着汗水、泪水，甚至是流血才取得的。每一位亲身经历的人，都会深深体验到凝聚力对中国体操队的发展所带来的巨大动力。

中国体操队多年来形成的强烈集体主义观念，已深深地印在每一个人的心中。体操队的事就是自己的事，只要是体操队需要做的，不讲条件、不讲回报，甘愿奉献的感人事迹随处可见。这种积极参与体操队事务的行为，是中国体操队高凝聚力的表现，它作为一种规范已成为中国体操队的最大精神财富。

二、影响集训队凝聚力的因素

组织行为学认为，凝聚力的大小受团队的成功经历、外部的

① D. L. Nelson. Organizational Behavior (Second Edition) [M]. West Publishing Company, 1997.

威胁、加入团队的难度、成员需要的满足、领导方式、奖励方式、团队规模、团队成员的相似性、成员间的互动、性别构成等多种因素的影响①。根据运动员的职业特点,笔者认为,入选集训队的难度、运动队的成功经历、比赛对手的威胁、运动员需要的满足及奖励方式等因素将对集训队凝聚力的大小产生直接影响。

(一)入选集训队的难度

在一定程度上,运动员加入集训队的难度越大,就越有利于集训队凝聚力的提高。作为奥运会优势项目团队的中国体操队、乒乓球队、射击队、跳水队、举重队等高水平运动队,对全国各省市运动员有着极大的吸引力。运动员都希望通过进入国家队接受更高水平的训练并参加国际大赛,来实现自己成为明星的梦想。可以说,进入国家队是运动员入选集训队走向成功的第一步。要进入国家队,首先,运动员必须具备良好的发展潜能,技术特点要明显;其次,运动员要通过激烈的竞争和层层的选拔。此外,运动员还要具备处理各种关系的能力,包括与领导、教练和队友之间的关系。事实上,即使运动员进入了国家队,也未必一定能入选集训队如愿参加世界大赛,特别是要想成为奥运会的参赛选手,还必须经过队内的激烈竞争,其难度之大超出常人的想象。实践证明,也正是因为进入国家队、入选集训队的难度大,才使得运动员一旦有幸成为团队的一员,就会因为在共同的艰苦考验和选拔过程中经受过相同的情感体验,而变得较其他任何时候都更加团结和合作,也正是由于他们有着这些共同的经历和感受,才使得进入集训队的运动员容易和睦相处,从而促进集训队凝聚力的提高。

(二)运动队的成功经历

研究表明,如果一个团队成功地实现了某些重要的目标,出色地完成了工作任务,那么这种成功就会使团队成员彼此满意,增强荣誉感、自豪感和归属感,使团队凝聚力得到增强。如果团

① 屈云波.管理团队[M].北京:企业管理出版社,2001.

队具有一贯的成功表现，就更容易建立起合作精神，吸引和团结成员。中国体操队自培养第一位女子世界冠军马燕红开始，先后培养了几十名世界冠军。连续的成功经历，特别是中国男子体操队连续 4 次夺取世界锦标赛团体冠军，又在 2000 年悉尼奥运会上一口气拿下了奥运会男子体操团体金牌的成功经历，极大地增强了中国体操队的凝聚力。另外，中国体操队长期以来非常重视团体成绩的绩效规范，强化运动员的团队意识，也为促进中国体操队凝聚力的提高起到了积极的推动作用。

总之，在中国体操队、乒乓球队、射击队等这些具有成功经历的高水平运动队中，每一位运动员都会以身处其中而感到无比的自豪和荣幸，这种情感体验可以使队员之间保持良好的人际关系和形成强烈的集体主义观念。此外，这些有成功经历的运动队，更容易帮助运动员实现个人目标和获得需要的满足。所有这些，都会对集训队凝聚力的提高起到积极的促进作用。

(三)面临的外部威胁

组织行为学的研究表明，当团队受到外部威胁时，会因为团队意识的增强提高凝聚力，特别是在势均力敌的情况下，竞争越激烈，团队意识越强，凝聚力就越高[①]。在比赛中，如果运动员受到竞争对手的威胁，就会增强排外意识，促使团队凝聚力提高，特别是在与对手实力不相上下的情况下，凝聚力会更大。因为外部的威胁，更容易使运动员相互理解，求同存异，加强沟通和协作，促进凝聚力的加强。组织行为学认为，在一定程度上，外在压力越大，团队的凝聚力就越高。因此，外部威胁会加大外在压力，使运动员更加紧密地黏附在一起，增强凝聚力，抵抗外来威胁。总之，集训队需要时刻面对激烈的竞争环境和强劲的竞争对手，环境越险恶、对手越强大就越能强化运动队的向心力、内聚力，通过加强彼此间的协作，促进凝聚力的提高。

① 屈云波. 创建精英团队[M]. 北京：企业管理出版社，2001.

（四）运动员需要的满足

集训队之所以会对运动员产生吸引力，关键就在于它能提供运动员参加重大比赛的机会，并通过战胜对手、夺取金牌来获得相应的精神和物质上的奖励。奖励可以有效满足运动员在荣誉上、地位上、经济上及心理上的需求。由于集训队给运动员可以带来满足，因此它对运动员具有极大的吸引力，给运动员带来的满足越大，其吸引力就越强。如果集训队能最大限度地满足运动员实现个体绩效目标的需要、被尊重的需要、成为明星的需要、获得经济收入的需要和提供更大发展机会的需要，那么，集训队就会对运动员产生最大程度的吸引，增强向心力、内聚力，反之，则会减弱凝聚力。

三、增强大赛前集训队凝聚力的重要手段

（一）建立高标准的群体规范

经研究得知，高标准的群体规范有助于凝聚力的提高。因此，建立高标准的群体规范就成为集训队增强凝聚力的有效手段之一。大赛前，集训队需要通过建立高标准的绩效规范，引导运动员的行为指向有利于集训队凝聚力提高的方向。中国体操队一向要求运动员要以成为世界冠军为目标，要不遗余力地为集训队目标的实现做出个人的最大努力。以备战悉尼奥运会为例，中国体操队对运动员提出了高标准的绩效规范，明确要求运动员在奥运会上必须夺取包括男子团体金牌在内的两块以上的金牌；训练中，必须严格执行教练员的计划安排和按时完成日、周、月的训练预期目标；对于成套动作的训练，要求运动员每个项目第一套动作必须100%的成功；对于专项能力的训练，要求运动员必须具备2小时内完成6×2套动作的能力，并且要能承受一周内隔日上、下午各6×2套动作的极限负荷训练。在管理上，严格作息时间和外出请假制度，绝对禁止运动员外出驾驶等。在主力阵容的确定上，根据多次选拔赛得出的运动员的成绩排名，严格遵循团体赛优先，运动员强弱互补的原则进行确定。实践证明，这些高

标准的绩效规范对提高中国体操队大赛前集训队的凝聚力发挥了积极的促进作用。

(二)树立危机感

树立危机感,就是要找出自己的不足和差距,使运动员全力以赴投入备战。树立集训队的危机感,不但可以防止运动员的轻敌和麻痹思想,而且还可以提高运动员训练和比赛的投入程度,有效地通过激发运动员的爱国热情和民族自尊心,形成一致对外,视赛场如战场的战斗作风,促进协作、提高集训队凝聚力。树立危机感是保证集训队大赛前重视对手、调动运动员的积极性的重要手段,它可以使运动员做好夺金牌而不是保金牌的思想准备,把自己与对手放在同一起跑线上,加大训练的投入,通过集体的力量抵御外部威胁。中国体操队、中国乒乓球队等高水平运动队的实力处在世界顶尖水平,辉煌的战绩往往会使运动员出现麻痹大意、盲目自大的轻敌思想,因此,必须时刻提醒运动员树立危机感。

(三)保持团队内部的一致性

我们知道,团队内部的一致性程度越高,就越有利于团队凝聚力的形成。集训队要保持团队内部的一致性,一是要有效利用群体规范形成的从众压力对运动员行为进行约束,使运动员产生一致性的观点,形成一致性的行动;二是要引导运动员进行合理的角色定位,通过超越竞争,走向合作,既帮助自己,又帮助队友,促成融洽的人际关系,减少集训队内部的冲突,提高行动的一致性程度。

中国体操队辉煌的成功经历是有目共睹的。多年来,中国体操队培养了几十名世界冠军,早期有马燕红、黄玉斌、李月久、李宁、童非、娄云,后来又涌现了樊迪、李敬、李春阳、杨波、李小双、陆莉、黄力平、罗丽、莫慧兰、奎媛媛、张京津,近期的有李小鹏、刘旋、毕文静、凌洁、黄旭、邢傲伟、杨威、卢裕富、肖俊峰、郑李辉、董震、冯敬等,共夺取了数十枚的奥运会、世锦赛和世界杯赛的金牌。最值得一提的是中国男子体操队,不但连续四次夺取世界体

操锦标赛团体冠军，而且在2000年悉尼奥运会上勇夺男子团体金牌，实现了中国几代体操人的梦想。

中国体操队以上"世界冠军光荣榜"为目标，教育和引导运动员具有成为"世界冠军光荣榜"一员的决心。这一做法形成了中国体操队不夺取世界冠军不罢休的一致性的行为观念，提高了中国体操队内部的一致性程度，增强了中国体操队的内部凝聚力。

（四）建立合理的内部奖励机制

合理的内部奖励机制应该是对处在不同层次、承担不同角色的运动员都要进行绩效评估和给予相应的奖励。通过对中国体操队内部奖励机制的研究发现，集训队在建立内部奖励机制时应做到：第一，要对运动员付出的努力给予直接、及时的肯定，一旦成绩目标实现，就要及时兑现奖励。第二，奖励机制的建立，要与高水平运动队的组织文化内涵相一致，要适应经济社会的发展，满足运动员精神和物质两方面的需要。第三，对运动员的奖励要具有广泛性，不但要根据合同约定对取得成绩的运动员实现承诺，而且还要视情况需要对培练运动员给予相应的奖励，以增加大多数运动员的团队参与意识和甘当"铺路石"的热情。第四，要建立起多种绩效薪酬分配形式，包括绩效工资、个人奖金、团队奖金、灵活的团队福利、必要的荣誉奖励等，以满足不同层次和不同成绩运动员的奖励需要。第五，对团队和成员个体同时进行奖励的方式，最能使团队成员因获得最大满足，促进凝聚力的提高。因此，作为集训队，应当努力做到从团队和个体两个角度对运动员进行奖励。团队奖励在于鼓励运动员之间的协作，强化运动员的团队协作精神和身处集训队的高度自豪感，从而获得精神和心理上的满足。个体奖励在于认可运动员个体对集训队的贡献和在集训队中的存在价值，认可运动员借助于团队力量，实现个人目标、获得个人荣誉和物质需要的满足。这种使集训队与运动员获得双赢的奖励方式，是提高团队凝聚力的有效措施，具有相当大的实用价值。

综上所述，增强凝聚力的目的就是要把集训队塑造成高绩效团队。凝聚力可以提高运动员的士气、增强运动员参与集训队事务的意识、有助于运动员行为的高度一致性。增强凝聚力的重要手段包括建立高标准的群体规范、树立危机感、保持团队内的一致性程度和建立合理的内部奖励机制。

第九章 有效控制运动员的角色过程

一、优秀运动员的角色特点

（一）角色的概述

从组织的角度看，个人角色可界定为个人和形成社会环境的他人对个人的全部期望，或者是说，角色是群体对某一个体所期望的行为模式[①]。角色反映了个体在群体中的工作职能、义务、权力和职责。

任何群体都会有指定和自显两种基本角色。指定角色是指组织和群体作为一种分工和划分职责的手段而正式规定的角色。指定角色涉及期望角色、认知角色和行动角色。期望角色是指其他人对角色承担者所期望的行为模式；认知角色是指个体所认识到的、实现期望角色所必需的行为模式；行动角色是个体实际所表现出来的行为模式。自显角色是群体成员自然的行为模式，是群体成员为了满足社会情感需要或帮助群体完成正式工作而自然产生的角色。自显角色有任务型角色、关系型角色和自我中心型角色。任务型角色是指成员注重群体任务的完成，促进并协调问题的解决，可能表现出的角色行为有提出某些想法或发起行动、澄清问题、综合各种观点、对群体内的建议做出评价等；关系型角色是指维护和调节群体内人与人之间的关系行为模式，经常表现出的角色行为有支持和鼓励别人、团结互助、缓和紧张气氛、

① 边一民，等. 组织行为学[M]. 杭州：浙江大学出版社，1998.

寻求共同点来调和不同观点等；自我中心型角色是指群体的成员只顾自己的感情、需要和利益，不顾群体利益的行为模式，经常表现出的角色行为有显示敌意、寻求赏识、回避不介入、统治群体等。个人角色的三个突出表现是角色模糊、角色冲突和角色承载。角色模糊是指对个人角色的期望不确定或缺乏清晰度；角色冲突是指对个人角色不相容或相反要求的承认；角色承载是指一个人所扮演角色的绝对数①。

（二）角色定位的作用

研究表明，群体内部，如果成员对自己以及其他成员所担负的社会角色知觉正确，并一致性很强，群体成员之间就会充满相互的信任和协调，促进工作效率的提高。相反，如果群体成员对自己所担负的社会角色感到不满，或认为担负其他社会角色的个人不称职、不合格，就会觉得气愤和产生不满情绪，致使相互间的关系紧张，影响工作效率②。作为集训队员角色扮演或是定位的合理与否同样会对运动员的训练情绪、态度、人际关系和训练投入程度等产生直接作用，进而影响到集训队的绩效水平。

（三）优秀运动员的角色特点——指定角色的扮演

集训队的目标、成员的职责和将要完成的任务非常明确。集训队员的角色扮演通常都是由集训队作为一种分工，由教练员根据比赛的需要、运动员的技术特点和能力进行划分而指定的，即运动员扮演的是指定角色。作为运动员能否接受教练员的角色指定，直接决定着运动员在训练或比赛中的行为表现，运动员的行为表现又将对团队凝聚力的形成、团队精神的培养和集体战斗力的增强产生影响。因此，以团队的利益为重，接受并扮演好指定角色，并通过角色认知，努力寻找合理的角色定位，摆脱自我中心型角色的束缚，控制自己的行为与期望角色和认知角色保持一致，就是集训队员的角色方向和应表现出的角色特点。

---

① 边一民，等. 组织行为学[M]. 杭州：浙江大学出版社，1998.

② 边一民，等. 组织行为学[M]. 杭州：浙江大学出版社，1998.

二、优秀运动员的角色过程

角色过程是指群体对个体形成期望角色，经过个体对期望角色的认知，最后转变为个体行动的过程①。由此可把高水平运动员的角色过程分为三步：第一步，根据项目特点和比赛的实际需要及运动员的技术特点，由教练组对每一名运动员适合扮演的角色形成期望；第二步，运动员对集训队赋予自己的角色进行认知；第三步，运动员按期望角色行动。

(一)教练员对运动员角色的指定

教练员对运动员角色的指定，就是教练员对运动员形成的期望角色。教练员对运动员个体的期望角色，是根据项目的特点和战术的需要及运动员的技术特点，给运动员分配角色的过程。例如，足球教练员就需要懂得如何挑选运动员，识别不同运动员的优势和劣势，并把他们安排到最适合的位置上，使他们能够为球队作出最大的贡献。因此，对于集体项目或需要相互配合完成比赛的项目，要想取得比赛的胜利，就必须把具有不同技能和特点的运动员放在不同的位置上，形成 1 +1 >2 的组合搭配。又如中国体操队为备战 2000 年悉尼奥运会为运动员甲、运动员乙、运动员丙、运动员丁、运动员戊、运动员己、运动员庚、运动员辛等每一名运动员都指定了应扮演的角色。每一名运动员可能担任何种角色，都是由教练员全面分析每一名运动员的特点和能力，以团体优先为原则，结合强弱项目互补的要求进行科学论证后确定的。实践证明，对运动员的角色期待，必须充分考虑运动员的技术特点，有效发挥每一位运动员的最大优势和潜力，并通过加强合作，形成协同一致的内聚力。

(二)运动员对指定角色的理解

运动员对指定角色的理解就是运动员对期望角色的认知。组织行为学认为，认知角色是指个体所认识到的实现期望角色所

---

① 边一民，等.组织行为学[M].杭州：浙江大学出版社，1998.

必需的行为模式。在大赛前,集训队员有了指定要扮演的角色,接下来就是运动员如何认知教练员分配给自己的角色指定。通常,对于有利于运动员自身利益的角色指定,比较容易被运动员认识和接受,对于那些对自己不利或处于从属地位的角色指定,往往会使运动员的思想产生顾虑,对角色认知过程产生消极影响,使运动员无法深入理解所承担角色的意义,或使认知结果发生偏差,出现角色模糊。因此,集训队在确定运动员的期望角色以后,应努力帮助运动员全面接受指定角色,消除角色分配差异带给运动员的不利影响,避免或消除运动员的角色模糊。

(三)运动员指定角色的行为表现

运动员指定角色的行为表现,即行动角色,是指个体实际所表现出来的行为模式。对运动员来讲,在进行角色认知以后,就是如何通过自己的行为来实现教练员对自己角色的期望。作为每一名集训队员都要清楚地认识到,要实现教练员的期望应该怎样去做,即如何在角色认知的基础上实现角色行为,这是非常重要的。我们知道,集训队员的行为需要与集训队的目标指向保持高度的一致,集训队的目标指向要求运动员怎样去做,运动员就必须以团队的利益和目标为重,使自己的行为角色与期望角色保持高度的一致,这也是保障集训队高效运作的前提条件。因此,集训队员在对期望角色进行认知以后,必须以符合期望角色的行为去行动,通过自己在训练和比赛中的高水平投入,实现教练员的角色期望。

三、有效控制运动员的角色过程

有效控制运动员的角色过程主要指针对团队形成的期望角色,帮助运动员以实现团队目标为导向,以团队利益为重,全面、准确地进行角色认知,并使角色行为与期望角色保持一致。

期望角色、认知角色和行动角色三者之间相互转换的关系见图 17。组织行为学认为,在期望角色向认知角色转换的过程中,如果个体对自己充当的角色不明确或缺乏真正的理解,就会出现角色模糊。在认知角色向行为角色的转换过程中，如果个体对期望角色难于接受或对期望角色出现认知偏差时，就会出现角色冲突。实践证明，如果运动员在认知上产生角色模糊现象，就很可能导致运动员从认知角色到行为角色的转换中产生角色冲突，背上思想包袱，出现训练情绪低落、精神不振的现象。因此，有效控制运动员角色过程的实质就在于力求避免运动员在角色过程中出现角色模糊和冲突，对于存在的角色模糊和冲突，应做到及时发现，有效地避免和消除。

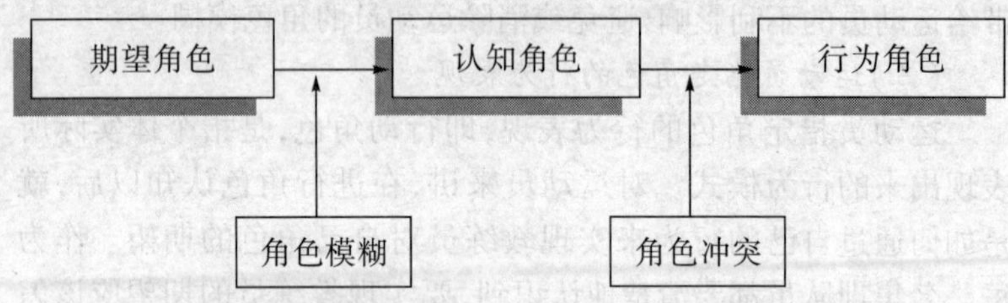

图 17　期望角色、认知角色和行为角色的转换关系①

(一)消除运动员的角色模糊

角色模糊是个体从期望角色向认知角色转换过程中，不清楚自己的权力、职责，不清楚自己应该干什么，不应该干什么。如果集训队员出现角色模糊，就会使教练员的期望角色不能被准确理解以形成正确的认知角色，其结果就会导致教练员的战术意图无法通过运动员得到有效贯彻，使预期的训练或比赛目标无法实现，甚至丧失夺冠机会。因此，集训队员产生角色模糊对即将到来的比赛非常危险，及时消除集训队员的角色模糊至关重要。

通常，导致集训队员产生角色模糊的原因是多方面的：一是角色本身具有认知上的两重性，运动员难以从中获得实际的指导和帮助，来准确确定自己要扮演的角色；二是由于教练员对运动员的能力和技术特点未能准确把握，形成了模糊不清或错误的期望角色，使运动员无法理解教练员对自己角色的期望；三是运动

① 边一民，等. 组织行为学[M]. 杭州：浙江大学出版社，1998.

员承担相应角色的经验不丰富，自信心不足，对自己的真正实力认识不清，也会造成角色模糊。实践证明，要避免集训队员的角色模糊应做到：第一，教练员应弄清运动员产生角色模糊的原因；第二，任务指定要明确，避免运动员出现两重性的角色认知，使角色明确化、具体化；第三，准确把握运动员的技术特点和项目特点，明确运动员之间的最佳搭配组合，形成正确的期望角色；第四，给运动员提供尽可能多的实战机会，使运动员不断地得到锻炼，积累经验，认清自身的实力，增强扮演指定角色的信心。

在角色的扮演中，角色认知的过程比较复杂；在角色认知的过程中，容易出现角色模糊。针对运动员角色认知上可能出现的这些问题，中国体操队及时采取了相应措施：一是对运动员进行积极引导，使运动员透彻地理解自己能够和应该在全队中扮演的角色、承担的义务和职责；二是有效地利用“大局观”的群体规范，使运动员树立大局观的意识，以集体的利益为重，以国家的荣誉为先，使运动员的认知角色与教练员的期望角色保持一致；三是使运动员真正认识到，即使不能直接上场比赛，通过积极的训练表现，也能起到稳定军心的作用。

(二)避免运动员的角色冲突

运动员的角色冲突可表现为角色内冲突、角色间冲突、角色个性冲突和角色过载冲突。角色内冲突是指运动员扮演的同一角色，接受了来自两个方面的、意见相悖的期望和要求而导致的冲突；角色间冲突是指运动员充当了多个角色，而各个角色的期望又是不相容的或矛盾的；角色个性冲突是指运动员角色所要求的行为与运动员本身的价值观和个性相悖时所产生的冲突；角色过载冲突是指对一个运动员的角色要求太多，工作量太大，以致不可能完成所有角色要求的训练和比赛任务时所面临的冲突。角色冲突，不但可以导致教练员对运动员在训练和比赛中的实际表现不满意，而且可以造成运动员过大的精神压力和形成矛盾的心理，导致精神不堪重负，体力不支，对比赛丧失信心，甚至放弃比赛。因此，有效地避免运动员在训练和比赛中的角色冲突，是

增强运动员的信心、加大训练投入的有效手段。

组织行为学认为，自显角色有三类：任务型角色、关系型角色和自我中心型角色。任务型角色是指注重群体任务的完成，促进并协调问题的解决的行为模式；关系型角色是指维护和调节群体内人与人之间的关系的行为模式；自我中心型角色是指群体成员只顾自己的感情、需要和利益，不顾群体利益的行为模式①。研究表明，自我中心型角色对群体绩效的提高有消极影响，而任务型及关系型角色不仅有助于群体任务的完成，也有助于维持群体的生存、发展和群体绩效水平的提高。如果集训队员都努力追求和扮演任务型及关系型角色，那么，集训队必将会成为一个运作有效的团队。因此，集训队应有效利用群体规范的约束和组织文化的潜移默化作用，引导运动员接受任务及关系型角色，规避自我中心型角色的产生。

总之，运动员的角色过程既是对自己或队友所承担各种角色及其行为标准、责任和义务的认知和判断，同时也是对某种角色的行为标准的认知和判断。引导运动员进行合理的角色定位，既是一种战术安排，同时也是塑造高绩效集训队的战略性考虑。有效控制集训队员的角色过程就是要通过消除运动员的角色模糊和避免角色冲突，形成合理的角色定位，把集训队塑造成真正的高绩效团队。

① ［美］斯蒂芬·P. 罗宾斯. 组织行为学［M］. 北京：中国人民大学出版社，2000.

第十章　充分发挥群体规范的约束力

一、群体规范概述

(一)群体规范的概念

规范(NORMS)就是群体成员共同接受的一些行为标准。正式规范就是写入组织手册的、规定着员工遵循的规则和程序,如法律、法规、规章制度等;非正式规范是通过文化、风俗、时尚、舆论等,潜移默化影响个人行为及人格的非正式准则[①]。

许多学者从群体的角度对规范进行了定义:斯蒂芬·P.罗宾斯认为,群体规范就是在某种情境下,群体对一个人的行为方式的期望[②];孙时进等认为,群体规范是指群体所确定的行为标准[③];边一民等认为,群体规范是群体成员共同建立的行为准则[④];于显洋认为,群体规范是指群体成员为使其活动协调一致,相互配合而制定的行为准则[⑤];李剑峰认为,群体规范是指导群体成员行为的非正式准则[⑥]。

从群体规范的定义看,首先,群体规范是产生在群体内部的;其次,群体规范是被群体成员一致公认、接受和共同建立的行为

① 边一民,等.组织行为学[M].杭州:浙江大学出版社,1998.

② [美]斯蒂芬·P.罗宾斯.组织行为学[M].北京:中国人民大学出版社,2000.

③ 孙时进,等.管理心理学[M].北京:立信会计出版社,2000.

④ 边一民,等.组织行为学[M].杭州:浙江大学出版社,1998.

⑤ 于显洋.组织社会学[M].北京:中国人民大学出版社,2000.

⑥ 李剑锋.组织行为管理[M].北京:中国人民大学出版社,2000.

准则；最后，群体规范有利于群体活动的协调、成员间的相互配合。组织行为学认为，群体规范包括行为规范和绩效规范。行为规范是关于群体成员日常工作中行动的准则；绩效规范是关于群体成员工作小时量和生产量的规则。高水平运动队都有成文的关于教练员、运动员、后勤人员、医务人员的规章制度和行为条例等正式规范，也有不成文的、约定俗成的非正式规范。非正式的群体规范虽然很少被群体成员用语言表达出来，但它却强有力地调节着群体成员的行为。研究表明，群体非正式规范所起的作用将远大于正式规范①。高水平运动队作为一个群体，非正式规范同样也起着举足轻重的作用。

（二）群体规范的作用

对于集训队，群体规范的作用就在于从集训队员的一言一行出发，深入、持久地约束他们遵守集训队共同的行为模式。具体来看，首先，群体规范具有维系集训队生存的作用。整体性作为集训队运作的典型特征，主要表现为集训队员的行为、感情和认知上的高度一致性，而且，这种一致性的标准就来自于群体规范。在集训队中，群体规范统一着集训队员的意见和看法，使他们的行为彼此一致形成一个整体。其次，群体规范具有认知标准化的作用。群体规范是集训队员共同的行为准则，是集训队对运动员行为的预期。它就像一把尺子，约束着每一位集训队员，使集训队员用一个统一的标准，对生活和训练中的问题进行评价。最后，群体规范具有约束和矫正集训队员行为的作用。集训队的群体规范可以为运动员划定活动范围，规定日常的行动方式，它会让运动员明白应该做什么，不应该做什么，因此，它可以作为评价运动员行为的准则，使集训队员的行为不偏离规范所允许的范围，同时对出现偏离规范的行为，可迫使其回复到规范要求的方向上来。群体规范的约束和矫正作用，实际上是通过群体压力来实现的。孙时进等认为，群体压力是指群体大多数成员的意见产

---

① ［美］斯蒂芬·P. 罗宾斯. 组织行为学［M］. 北京：中国人民大学出版社，2000.

生的一种无形的力量，它使群体内每一个成员自觉不自觉地保持着与大多数人的一致性行为[①]。群体压力是通过多数人的意见，形成压力去影响个人行为的。通常，在群体压力作用下，大多数人都会屈从于群体压力而采取从众行为。因此，群体规范对集训队员行为的约束和矫正，也正是借助于群体规范所形成的群体压力发挥作用的。

二、优秀运动队群体规范的建立

一般来讲，群体规范是在群体成员掌握的使群体有效运作所必需的行为过程中逐步形成的。组织行为学的研究表明，群体成员在交往中，通过彼此间的暗示、模仿和感染等相互作用，就会发生一种彼此接近和趋同的类化过程，由此，就会形成群体规范[②]。通常，群体规范来自四个方面：一是在群体中第一次出现的行为模式，即首例，最容易形成群体规范。二是把已经形成的、有利于群体发展的社会规范作为群体规范。三是群体或群体领导为了控制对群体发展无效或有害的行为，有意识地建立起来的一些行为标准，这些标准长而久之就成为了群体规范。四是在历史上，由对群体发展产生重大影响的事件引起而建立起的规范[③]。

通过研究发现，高水平运动队群体规范的建立具有以下几方面的特点。

（一）以老一辈体育工作者的倡导建立规范

以“吃大苦，耐大劳”这一反映中国体操队训练作风规范的建立为例，在中国体操队建队的初期，老一辈体操工作者为探索中国体操自己的发展道路，以极大的敬业精神，在训练上克服困难，坚持“有条件要上，没有条件，创造条件也要上”的拼搏精神，他们

① 孙时进，等. 管理心理学[M]. 北京：立信会计出版社，2000.

② 郑晓明. 组织行为学[M]. 北京：经济科学出版社，2002.

③ [美]唐·荷尔瑞格，小约翰·W. 斯劳卡姆，理查德·W. 渥德曼. 组织行为学[M]. 第八版. 胡英坤，等，译. 沈阳：东北财经大学出版社，2001.

以训练场为家，以体操垫为床，勇于面对困难，敢于接受挑战的光荣传统，长期以来影响着中国体操队，久而久之，就被作为中国体操队培养运动员训练作风的规范确立下来。现在，中国体操队经常讲到的“训练不但要多流汗，而且还要多流血”、“就是抬出体操房也要坚持到底！”、“训练就是比赛，再大的困难也要咬牙顶住！”等内容更进一步丰富了中国体操队“吃大苦，耐大劳”规范的内涵。

（二）以项目发展的需要建立规范

在20世纪80年代初，中国体操队根据体操项目的特点，有意识地号召教练员、运动员要把创新作为中国体操技术水平提高的突破口，并提出了“创新是体操发展的生命”这一思想。在创新思想的指引下，中国体操队不但取得了巨大成功，也为中国体操队的可持续发展带来了无穷的动力，由此就建立了“不断创新、大胆尝试”的群体规范。又如中国乒乓球队，根据乒乓球项目的特征，结合中国选手近台直拍的特点，提出了“近台直拍快攻，力拼前三板”的战术指导思想，由此，开创了中国乒乓球队的辉煌历程，从而也使得这一战术指导思想，一度成为中国乒乓球队技战术训练的指导规范，被全面加以贯彻。这些规范就是根据项目的特征和时代发展的需要，在训练中，由专家和教练员有意识地提出而得以建立的。

（三）以民族的优良传统建立规范

“尊师爱徒”是中华民族的优良传统。老一辈的体操工作者从一开始就把中华民族的这一传统带进了中国体操队。教练员在严格运动员训练的同时，把运动员当成自己的孩子，无微不至地关爱体贴；在传授技术和专业知识的同时，更使运动员懂得人生哲理和做人的道理。这样一来，运动员也就把教练员作为自己的良师益友、父辈亲人一样尊敬有加。长期以来，这一优良传统全面影响着教练员、运动员，逐步形成了高水平运动队中反映教练员与运动员相互关系的人际规范。

“家”的观念在中华民族价值观当中占有重要地位。把“家”

的观念运用于高水平运动队的管理已成为一种普遍现象。重视"运动员之家"的建立已成为高水平运动队管理的有效手段。一方面"运动员之家"可以从训练到生活无微不至地关怀运动员，解决运动员训练、生活中存在的问题；另一方面可以使身为"家庭"成员的运动员形成"家"的观念，按照"家"的规范来约束自己的行为，做到以"家"的大局为重，以"家"的荣誉为先，精诚团结，一致对外。每一位成员的言行、举止都必须向着有利"家"的建设和发展去努力，由此就形成了具有浓重民族色彩的"家庭意识"规范。

(四)以成功的经验建立规范

在管理上，中国体操队、乒乓球队、射击队、跳水队、羽毛球队、举重队等高水平运动队的严格是众所周知的。多年来，在大赛中的每一次胜利，无一不是靠教练员、运动员苦出来、练出来的。训练中，不狠、不严，不具备军人那种"不成功，则成仁"的英雄本色，是无法立足于世界赛场之林的。因此，经过无数次大赛的验证，"崇尚英雄本色、训练严厉和超军事化管理"已成为高水平运动队常盛不衰的法宝之一。另外，任何一个群体都避免不了成员间的冲突，高水平运动队也同样存在着成员间的矛盾。高水平运动队是由众多优秀人才组成的，在这样的高智商群体中，必然存在着学术观点的差异性和利益上的不平衡性，也就存在着矛盾，在解决矛盾时，坚持以"大局观"为原则，是十分必要的。只要是有利于团队发展、有利于训练、有利于运动员水平提高、有利于成绩取得、有利于集体利益和国家荣誉的，都坚持以"大局观"的群体规范为原则给予支持。因此，长期以来，高水平运动队能始终保持较少的群体冲突，并通过不断增强成员之间的依赖性，很好地维系了群体的良性运作。这两方面的群体规范都是高水平运动队在经受历次重大考验的基础上形成的。

总之，高水平运动队的群体规范是在其成长过程中逐渐建立起来的。为了提高运动员水平，运动队就会着力强化那些有助于技术提高、作风过硬的规范；为了增加运动员行为的可预测性，运

动队就会有意识地建立起运动员行为标准的规范；为了减少运动员之间的矛盾，运动员队就会建立防止人际摩擦的规范；为了培养团队精神，运动队就会鼓励和提倡那些有助于展现团队价值观规范的建立。

三、优秀运动队群体规范的典型表现

研究发现，高水平运动队群体规范建立的内容涉及四大方面：一是关于训练工作的规范，具体包括运动员的训练任务、追求的成绩目标、训练的努力程度等；二是关于仪表形象的规范，具体包括不同场合下的着装、举止、言谈等；三是关于人际交往的规范，具体包括师徒之间如何相待、队友之间如何相处、领导与成员之间如何相处等；四是关于奖惩的规范，具体包括哪些人应得到奖励、哪些行为应受到鼓励、哪些行为该受到惩罚等。

(一)训练工作规范

训练工作规范要求，教练员要具有强烈的事业心，绝对服从组织安排，全力做好训练工作。在管理上，要以理服人，用科学的管理方法引导和教育运动员，不允许使用体罚手段；在训练中，要敢于尝试、大胆创新、努力钻研业务、虚心学习好的经验。

运动员要懂礼貌、尊敬教练，要建立起一日为师终身为父的意识，要懂得做人的道理；要主动、刻苦地训练，遇到问题要多动脑子；要树立奥运锦标意识；要树立先集体后个人的观念，以国家利益为先，以集体荣誉为重。

后勤服务及管理人员，要以为运动员服好务、提供优质后勤保障为宗旨，任何有违这一宗旨的行为都将被群体所不容。

科研人员要全力支持教练员的工作，研究工作的开展要有利于训练水平的提高和训练控制科学化程度的加强，研究要为训练服务。

(二)仪表形象规范

形象规范要求教练员和运动员无论胜负，在公众面前必须表现出大将风度和良好的职业修养，要做到胜不骄、败不馁；从项目的特点出发，女子体操运动员要每时每刻面带微笑，做到以灿烂甜美的笑征服观众和裁判；比赛中，运动员要充分表现出高昂的斗志、不可战胜的气势和团结一致的拼搏精神；训练中，严格运动员的着装，不允许出现大声喧哗、聊天懒散的训练行为；严格训练馆外来人员的管理，未经许可不允许任何人采访或在场内随意走动，以保障训练环境的严肃性；运动员接受教练员的指导必须立正，指导后必须鞠躬感谢；出国比赛的教练员、运动员及执法的裁判员要着装整齐、语言文明、严守队纪队规；在国际交往中，要不卑不亢、礼尚往来，裁判员要能团结一切可以团结的"力量"，认真做好裁判工作。

（三）人际交往规范

人际交往规范要求教练员与运动员之间必须做到尊师爱徒、真情投入、相互理解、互助友爱；运动员之间必须相互尊敬、相互支持、超越竞争、力求合作，绝不允许为私利相互拆台；运动员之间的交往必须以有利于队伍的建设和发展为原则，杜绝"小团伙"、"小集团"；管理人员、后勤服务人员、科研人员及裁判员要全力做好训练辅助工作，要争做幕后英雄，尽全力为训练提供全方位的管理、后勤保障、科研咨询服务；严格限制运动员的社交范围，禁止运动员与社会闲散人员的交往，大赛前的外事活动必须经教练员同意，绝不允许私自外出。

（四）奖惩规范

奖惩规范要求对运动员做好精神激励，树立国家、集训队荣誉为重的价值观；对有突出贡献的教练员和运动员给予重奖；大力提倡和鼓励与团队利益保持一致的行为，严禁自以为是、不服管教、职业素养低、缺乏约束力、品行不良的行为，违犯者给以相应的惩罚。

四、充分发挥群体规范对集训队的约束力

充分发挥群体规范对集训队的约束力，就是要利用已建立起来的群体规范对集训队员的训练行为进行约束，使运动员的行为

指向实现集训队目标、提高集训队绩效水平的方向上。

(一)形成舆论导向

可把要求集训队员形成一致性观点和行动的群体规范作为一种标准,用以规范所有集训队员的训练行为,形成代表集训队"主流"的舆论导向。这种舆论导向对于集训队高效运作是一种动力,对于集训队员是一种压力。代表集训队"主流"的舆论导向可以迫使个别集训队员打消利己的观点,消除不符合规范要求的行为方式,按照群体规范的要求去思考和行动。因此,集训队舆论导向的形成是充分发挥群体规范对集训队约束力的首要环节,集训队必须要有意识地强化群体规范的舆论导向作用,通过形成舆论导向营造群体压力,对个别有碍集训队发展的运动员的观点和行为施加影响,强迫坚持个人观点的运动员产生从众行为,按照群体规范要求的标准去行动。

(二)充分发挥权威者的行为示范作用

集训队的权威者是主管领导和总教练,权威者对集训队的影响是决定性的。对于人才济济、战绩显赫的集训队,如果缺乏权威指挥官的引领,是很难做到协同一致的。因此,树立权威者就成为集训队有效管理的主要手段之一,如中国体操队的黄玉斌、中国乒乓球队的蔡振华、中国羽毛球队的李永波等都是最具威望的权威者。作为集训队的权威者,拥有一锤定音的权力和威望,他们的一言一行很容易被运动员接受和认可,甚至是崇拜,因此,权威者的行为最容易成为运动员效仿的榜样。在集训队,权威者按群体规范的要求约束自己,已成为借助行为示范作用,对运动员进行管理的主要方法。实践证明,权威者的行为示范作用对运动员的影响力是长久和深远的,通过权威者的行为示范作用,发挥群体规范对运动员的约束力也是最有效和最直接的。

(三)严格执行规范

1.满足运动员的需要,吸引运动员自觉遵守规范

虽然群体规范要求运动员要保持高度的一致,以实现集训队的目标为宗旨,但是,作为个体的运动员不可能无缘无故地按群

体规范的要求行事,而只有当运动员的利益在实现集训队目标的同时得以满足,运动员才会真正按群体规范的要求去行动。因此,要让运动员严格执行规范,就必须保证在运动员按照规范行动实现集训队夺冠目标的同时,使运动员的价值得到充分体现,并保障运动员个人利益的满足。也就是说,群体规范的要求必须与运动员的自身利益保持一致,在对运动员发挥约束力的同时,更要满足运动员的自身需要,只有这样才能吸引运动员自觉遵守规范。例如,绩效规范在要求运动员以高水平努力投入训练和比赛、争取优异成绩的同时,必须以相应的精神和物质奖励满足运动员的荣誉感和在物质生活方面的需求。人际规范在要求运动员尊重教练员和领导的同时,运动员个人的观点和态度也必须受到关注。

2. 及时调整不符合时代要求的群体规范

群体规范建立以后,对成员的约束作用并非是一成不变的。随着时代的发展和社会规范及价值观的改变,以前对运动员发挥作用的群体规范,可能会因不适应时代发展的要求,被逐渐弱化。因此,根据社会大环境的变化,适时调整和改变群体规范的内容是提高群体规范实效性和可接受性的关键,只有及时改变不符合时代要求的规范内容,运动员才更容易接受,更能严格地执行规范。也只有这样,集训队才能有效强化运动员的管理和提高运动员训练行为的可控程度。例如,在20世纪80年代以前,荣誉和称号是取得优异成绩运动员能获得的最高奖励,因此,以精神激励为主建立起的资源分配规范对运动员的训练行为产生着决定性的影响。但随着体育商业化的不断发展和受社会经济大潮的冲击,运动员在追求荣誉和获得精神奖励的同时,也需要获得必要的物质奖励,以满足不断追求高标准生活的需要。为此,在分配方法上,对原有的资源分配规范的内容进行了调整,对取得突出贡献的运动员和教练员在进行荣誉奖励的同时,加大了物质奖励的比重,特别是在工资、奖金、分房和升职等方面给予了倾斜。通过这样的变化,有效地调动了运动员训练的积极性,使运动员加

大了对训练的投入,主动、严格地遵守群体规范。

（四）抓住典型教育

抓住典型教育就是指围绕典型人物或事例进行大张旗鼓的宣传教育,甚至是奖励或惩罚,以引导运动员按照规范要求去做,以此作为发挥群体规范约束力的一种有效方法。通过奖惩典型人物或典型事例可以给运动员留下深刻的印象,对运动员施以强烈的影响,有效引导运动员的行为,发挥群体规范的约束力。只要符合群体规范要求的行为,就会受到集训队的奖励和大力提倡,受此影响,其他集训队员就会以此为标准而仿照行动。相反,对于不符合群体规范要求的行为,就要给予惩罚,这种惩罚效应就会给其他集训队员敲响警钟,避免犯同样的错误。因此,要充分发挥群体规范对集训队的约束力,就必须抓好以典型人物或典型事例对集训队员的教育工作,在奖惩中要观点明确,立场鲜明,该奖则奖,该罚则罚,尽可能扩大典型教育对集训队员的影响作用。

总之,发挥群体规范对集训队约束力的目的,就在于把集训队塑造成一支高绩效的团队。集训队肩负着大赛的重任,集训队员只有在群体规范的约束之下,才能成为训练有素、步调一致、富有战斗力的钢铁战士。要充分发挥群体规范对集训队员的约束力,就必须做到利用舆论导向产生的群体压力迫使运动员遵守规范,用权威者的行为示范作用为运动员树立榜样,把贯彻群体规范与满足运动员的利益保持一致,用典型教育引导运动员按规范去行动,只有这样才能最大限度地借助于群体规范对集训队进行约束。

第十一章　形成具有权威的领导核心，确保决策的正确无误

这里所讲的领导是指“领导者”，在英文中叫“LEADER”，它是指致力于实现领导过程的人。领导是实现领导过程的关键人物，正如彼德·德鲁克所指出的那样，领导是任何企业最基本而又最难得的资源[①]。作为领导不但要对团队的事务进行计划、决策、组织、监督、控制、沟通信息、委派任务、承担责任，而且还要有效地激励下属的动机、开发下属的创造性、鼓励下属表现出自信，并通过自身的威信以身作则来影响下属，最大限度地激发出团队的动力，努力实现团队目标，提高团队绩效水平。国外一项研究表明，员工积极性40%是由领导诱发出来的[②]。由此说明，领导对一个高效运作的团队来讲，是多么的重要！

一、集训队领导的构成特点

（一）集训队领导的构成

集训队领导的构成是指参与决策的领导群体，而不是指某一个体。在大赛前参与集训队决策的领导群体中，每一个成员的特长及个人力量都是群体的基本投入。通过对中国优势项目集训队领导群体构成的研究发现，集训队领导群体基本是由熟知本项目的主管领导、国家队总教练、领队、男女队主教练等组成。例如，中国体操队备战2000年悉尼奥运会集训队的领导群体（见图

① ［美］斯蒂芬·P.罗宾斯.组织行为学［M］.北京：中国人民大学出版社，2000.

② ［美］斯蒂芬·P.罗宾斯.组织行为学［M］.北京：中国人民大学出版社，2000.

18）当年是由国家体育总局体操管理中心主任张健、副主任高健、中国体操队总教练员黄玉斌、中国体操队领队钱奎、中国体操队男女主教练陈雄、陆善真等构成。看看他们当时的简历就能了解这一领导群体的权威性和预见他们的领导水平。

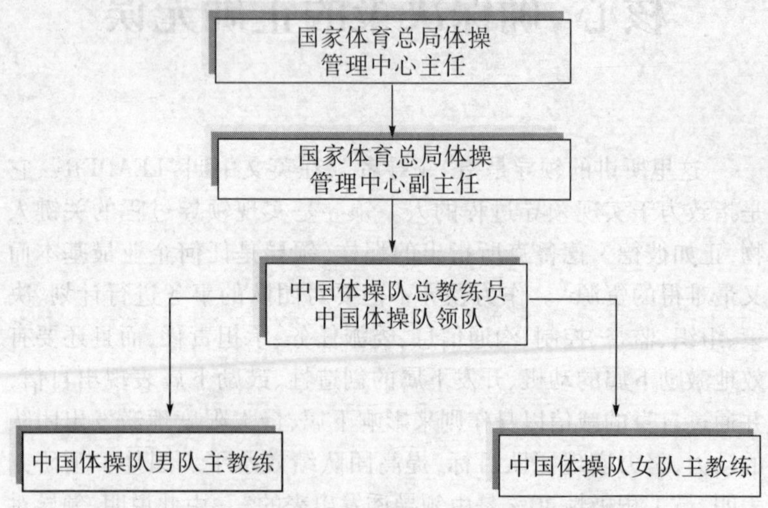

图 18　2000 年悉尼奥运会中国体操队集训队领导群体构成

国家体育总局体操管理中心主任张健

著名国家级教练员。1958 年进入云南省体操队，1960 年入选国家体操集训队。1960 年获得全国体操比赛全能第二，单杠冠军；1961 年获得全国体操锦标赛全能冠军，单杠冠军；1962 年参加第 15 届世界体操锦标赛，获团体第四名。1979 年起曾任国家体操集训队教练、副总教练、总教练。先后培养了童非、李宁、张智辉、刘明、杨月山、谢铁华、吕明等优秀运动员。多年来他率队征战世界赛场，使中国体操队在 1981 年第 21 届世界体操锦标赛获男子团体第 3 名、1982 年第 6 届世界杯体操赛获 7 枚金牌、1983 年第 22 届世界体操锦标赛获团体冠军、1984 年第 23 届奥运会获团体亚军、1985 年第 23 届世界体操锦标赛获团体亚军，并为中国体操队 1994 年和 1995 年再次荣获世界锦标赛团体冠军作出巨大贡献。1986年起任国家体委训练局副局长,兼任中国体操协会副主席。1994年任国家体委训练竞赛一司司长。1997年任国家体育总局体操运动管理中心主任。2001年任中国体操协会主席、中国技巧蹦床协会主席、国际体操联合会执委。1982—1986年连续5次获国家体委颁发的体育运动荣誉奖章,并被评为新中国成立35年最杰出的教练员。

国家体育总局体操管理中心副主任高健

著名国家级教练员。曾任中国体操队总教练,现任国家体育总局体操运动管理中心副主任,兼任中国体操协会副主席,亚洲体操联合会副主席。1960年进入山东省体操队,1964年入选国家体操集训队。1972年起担任国家体操队教练。他培养了中国第一位男子体操世界冠军黄玉斌、第一位自由体操世界冠军"弹簧腿"李月久、"鞍马王"李小平以及许志强、邹利敏、许仲旋、李春阳等著名的世界冠军。多年来,他与张健一起为中国体操运动发展做出了巨大贡献。他不仅是一个经验丰富的"选矿者",又是一个"冶炼者",他曾于1980年、1981年、1983年连续三次荣获国家体委颁发的体育运动荣誉奖章,1987年入选全国二十名最佳教练员。

中国体操队总教练黄玉斌

著名的运动员及国家级教练员,现任中国体操队总教练,兼中国体操协会副主席。八岁开始练体操,1975年入选国家体操集训队,1978年获得全国体操锦标赛全能和吊环冠军;1980年在加拿大举行的世界杯体操赛上,为中国第一次夺得男子吊环世界冠军;1983年在第22届世界体操锦标赛上,是中国男子体操队首次夺得男子团体冠军的主力成员。1994年作为教练员,在德国举行的第30届世界体操锦标赛上,他率队获得男团冠军;1995年在日本举行的第31届世界体操锦标赛中,又率队蝉联男子团体冠军;2000年再次率队获得悉尼奥运会男子体操团体冠军,这是中国体操历史上第一枚奥运会团体金牌。他集单项世界冠军、团体世界冠军成员和冠军队总教练于一身,自1984年执教国家体

操队以来,先后培养了樊迪、李敬、李春阳、王崇升、李小双、黄力平、黄旭、邢傲伟、杨威、卢裕富、肖俊峰等优秀运动员。

中国体操队领队钱奎

著名国家级教练员。曾任国家体操队教练、副总教练,兼女队主教练,领队。1957 入选国家体操集训队,1960 年在全国体操锦标赛中获得自由体操第 6 名;1961 年在内蒙古分区赛中获得全能第 6 名、双杠冠军、自由体操第 3 名;1962 年在全国个人冠军赛中获得双杠第 3 名,自由体操、吊环第 4 名,是中国第一批 16 名运动健将之一。1970 年起执教国家体操队,1984 年任国家女子体操队教练,1986 年任国家体操队副总教练兼女队主教练,曾培养出朱政、黄群等著名运动员。多年来他多次带队参加过世界体操锦标赛、世界杯体操赛、奥运会体操赛、亚运会体操赛,在国内、国际重大比赛中取得过优异成绩。1995 年荣获体育运动荣誉奖章。

中国体操队女队主教练陆善真

著名国家级教练员。1983 年起执教国家体操队,1993 年起任中国女子体操队主教练。多次带队参加奥运会、世界锦标赛等世界大赛,为中国女子体操保持世界一流水平立下汗马功劳。多年来,他和刘群琳教练合作培养出奎媛媛、毕文静、刘璇三位世界冠军,为中国体操事业作出了贡献。

中国体操队男队主教练陈雄

著名国家级教练员。1990 年起执教国家体操队,1997 年被评为国家级教练,并任中国男子体操队主教练。多年来协助黄玉斌总教练为中国男子体操队的训练做了大量的工作,并多次带队参加奥运会、世界锦标赛等世界大赛,为中国男子体操的辉煌立下汗马功劳。他曾培养出李小鹏、李大双、范斌、沈剑等著名的运动员。

（二）集训队领导的构成特点

综观中国体操队备战2000年悉尼奥运会集训队领导成员的构成，张健和高健当年是中国体操界公认的掌握中国体操发展方向的当家人，是历届大赛集训队领导群体的主导成员。他们都曾经是著名的教练员，都带出过世界冠军，如我国著名的运动员黄玉斌、李月久、李宁、童非等都出自他们之手，后来他们又在领导岗位上主抓中国体操的训练工作，把握着中国体操的发展方向。黄玉斌、钱奎、陆善真、陈雄当年身为中国体操队的总教练员、领队、男女队主教练，都有着辉煌的运动经历和执教成绩。多年来，他们一直处在中国体操发展的领导岗位，是历届大赛中国体操队领导群体的主要成员。又如中国乒乓球队前世界冠军徐寅生、李富荣、张燮林、蔡振华等也是由著名的运动员到教练员最后走上领导岗位的，中国乒乓球队所形成的新老接替的权威、内行、稳定的领导核心，也为保证中国乒乓球队历次大赛取得辉煌战绩发挥了决定性的作用。

研究发现，中国高水平运动队集训队领导具有明显的特点，第一，他们具有极高的专业素养。他们曾经是高水平运动员，甚至本身就是世界冠军，都曾培养过世界或奥运会冠军，都能准确把握本项目的特点和训练规律。他们自身具备的专业条件非常具有说服力，在运动员心目中是绝对的权威，有着极高的威望。第二，他们身经百战，在经历无数次失败与成功的体验中，积累了丰富的训练和参加大赛的实战经验，对任何训练和大赛中出现的突发问题都能做到沉着冷静、反应迅捷、决策正确。第三，多年以来，他们为中国体育事业的发展同舟共济、并肩战斗，相互之间建立起了深厚的感情，这为圆满解决工作中的分歧和容纳反对意见提供了一个良好的氛围。因此，他们能做到高度的协调和默契的配合，相互之间易沟通，即使有矛盾也会以共同的目标——夺取世界冠军为着眼点，进行有效化解。第四，他们都具有“大局观”的意识，在工作中，都能做到个人服从集体、小局服从大局、一切从大局着眼、具有强烈的团队精神，任何重大的决策都能在集体

参与、充分发挥民主的基础上完成。

总之,中国高水平运动队集训队领导群体具有明显的专业性强、实战经验丰富、工作关系和谐、民主气氛浓厚的特点,这些特点为决策的正确性、一致性、迅捷性和执行的彻底性提供了保障。实践证明,高水平运动队集训队领导群体的构成及特点为保障大赛前集训队的塑造、运动员训练行为的有效控制和大赛中优异成绩的取得发挥了决定性作用。

二、集训队领导的决策内容与特点

决策主要是指组织或个人,针对某种问题,为实现特定的目标,对两个或两个以上的备选方案经过分析、判断,选择一个满意方案,并付诸实施和进行评估的动态过程。决策是领导最重要的任务之一①。

(一)集训队领导的决策内容

1.中长期决策内容

就高水平运动队来讲,需要进行决策的内容非常广泛,就中长期决策的内容而言,将涉及:第一,四年大周期的奥运策略及四年内要参加的主要赛事、年度及阶段性训练目标;第二,教练员的配备、一线队员的确定、优势项目的确定及保障手段、弱项的弥补手段;第三,年度参加国际比赛的次数、参赛目的、参赛任务及参赛人员确定;第四,年度及阶段性训练要解决的主要问题及采取的主要措施;第五,教练员的定编、一线队员的选拔及二线队员的补充;第六,适应新奥运周期的后勤管理、医务、营养、科研等方面的安排;第七,参与各种社会公益活动的安排,日常训练工作程序及处理相关问题的原则等。

2.短期决策内容

短期决策主要指针对高水平运动队集训队参加大赛问题的决策,即围绕即将到来的重大比赛的相关问题进行的决策。短期

① 卢盛忠.管理心理学[M].杭州:浙江教育出版社,2001.

决策具有明显的针对性和时效性特征,其内容主要涉及:第一,对金牌数量的预测、敌我实力分析、备战大赛期间需要重点解决的问题、备战大赛期间阶段性的训练计划、目标及检查监督手段;第二,备战大赛期间的医务监督、疲劳缓解、营养饮食处方、运动员的日常管理问题;第三,备战大赛期间来访人员的接待,包括运动员家属、各省市领导、新闻媒体记者、观摩团的学习观光等。表8所列是中国体操队备战2000年悉尼奥运会期间的短期决策内容。

表8　中国体操队备战2000年悉尼奥运会领导决策的主要内容

决策内容	决策结果
可能的夺金点预测	男子团体、跳马、双杠、吊环;女子平衡木、高低杠。
可能夺得的金牌数量预测	2~3块。
备战的战略战术确定	以男子团体为抓手,力争单项。
主要对手实力分析	俄罗斯、罗马尼亚等。
参赛运动员的选拔与确定原则	以全能兼单项型运动员为主。
备战期间需要重点解决的问题	提高成功率、补弱项、突单项。
备战期间阶段性的训练目标	难度、能力、成功率、质量、稳定性。
备战期间的检查、监督手段	比赛、测验、领导检查等。
备战期间医务及疲劳缓解、营养饮食配备、运动员日常管理	配备队医及专家、强化营养及伙食、严格请假制度等。
备战期间家属、各省市领导、媒体、观摩团的接待等	必须安排在适当的时机,绝不能影响训练,并注意保密。
其他	……

(二)集训队领导的决策特点

大赛前集训队领导的决策,主要围绕大赛前的训练、运动员的管理及比赛的战术安排等问题进行,决策的范围及内容比较集中,主要属于解决问题的决策,具有很强的阶段性、针对性、实用

性和保密性等特点。

1. 阶段性

阶段性主要是指，大赛前集训队的决策是就大赛这个特定时段内的问题进行的，超出了这个时段，其决策就会失去作用。集训队是针对某一大赛而组建的，而大赛具有明显的时间限制，因此，在有限的时间段内，针对即将面临的大赛而进行的决策就具有很强的阶段性特点。大赛前，集训队领导的决策非常具体，通常不会涉及宏观性、方向性的决策，着重以解决某一具体问题为主，但必须和长远、宏观决策放在一起考虑。一旦比赛结束，针对这次比赛进行的决策，其直接作用就会随之降低或消失。当然，这并不意味着决策的后效应就完全不存在了，相反，一些对训练和比赛结果产生积极作用的成功决策，会作为典范供以后的大赛借鉴，用来规范领导的决策行为。

2. 针对性

针对性是指集训队领导的决策必须针对具体问题进行，决策结果必须具有明确的目的、指导思想和便于运动员理解的清晰思路。大赛前的决策，大到参赛人选的确定，小到训练计划的变更，每一个大大小小问题的决策，都要抓住主要矛盾，体现针对性，这是集训队领导在大赛前进行决策应表现出的一个突出特征。在大赛前，盲目、无针对性的决策是非常危险的，会使教练员或运动员产生认识上的偏差，形成误导，严重的还会造成诸如运动员受伤害、竞技状态下降、自信心不足、军心动摇等干扰顺利参与大赛的不良后果。

3. 可操作性

可操作性是指集训队领导的决策对要解决的问题具有实际操作的可能。决策要实施，必须要具有可操作性。要使决策具有可操作性，需要做到：第一，要针对训练中的具体问题进行决策；第二，透彻了解要决策的实际问题，要对问题产生的根源、现状和可能产生的结果进行准确判断，力求决策的客观、准确；第三，要具有若干可操作的方案，以供选择。

4. 保密性

保密性是指集训队领导的决策要根据实际情况对外、对内做好适度的保密工作。大赛前针对运动员人选的确定、技战术的安排、运动员的训练及恢复体力的方法、为比赛而准备的秘密"绝活"等问题必须做到对外严格保密。关于运动员人选的确定、采用某一训练手段要达到的目的、采用心理干扰对运动员施加影响等问题,对内应视适用对象的不同进行部分或全部保密。有些决策是需要集训队人员都要服从和照之行动的,如大赛前的作息、请假制度,训练中的行为规范等;有些决策是队内公开,队外保密的,如,对运动员违反纪律或错误行为的惩罚、针对主要竞争对手的技战术安排等;有些决策是对领导公开,对运动员保密的,如大赛前关于最后上场人选的确定、针对解决某一运动员的心理问题采取的措施等问题。还有,高水平运动队之所以能在高手如林的世界竞技场上不断地摘金夺银,靠的就是独到的训练方法和有效的管理手段,而这些唯我独有的"绝活",正是克敌制胜的法宝,有着极高的保密价值。

三、集训队领导正确的决策模式

大赛前集训队领导的决策应遵循组织行为学关于群体决策的一般规律,这是保障集训队领导决策科学性和有效性的根本。根据莫里斯·萨谢金(M. Sashkin)提出的群体决策模式①,笔者认为大赛前集训队领导的决策过程应完全符合这种决策的六段模式(见图 19)。根据对中国体操队集训队领导决策过程的研究发现,六段模式的特征表现明显。六段模式不仅反映的是中国体操队集训队领导的正确决策模式,而且基本上符合中国高水平运动队集训队领导决策的一般模式。

① [美]斯蒂芬·P. 罗宾斯. 组织行为学[M]. 北京:中国人民大学出版社,2000.

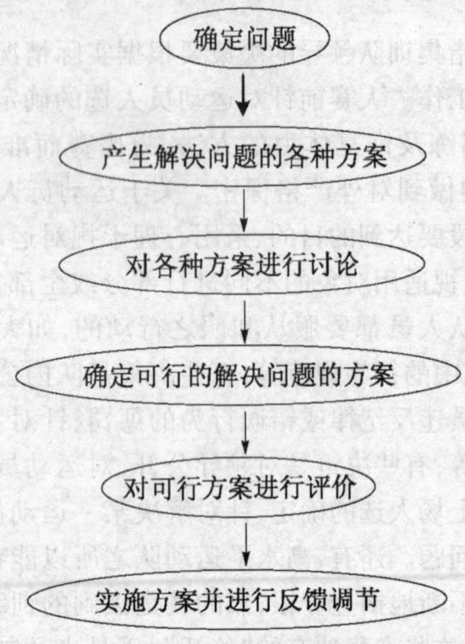

图 19　优秀运动队领导决策的六段模式

案例

中国体操队集训队领导关于人选问题的决策过程分析

中国体操队备战 2000 年悉尼奥运会，确定参赛运动员人选的决策过程就具有典型的六段决策模式特征(见图 20)。

第一阶段:决策背景与决策问题

中国体操队集训队领导确定参赛运动员人选的决策，直接受决策背景的制约。从背景看，有两个条件对人选问题的决策有制约:一是已确定的 2 ~ 3 块金牌的指标，二是必夺男子团体冠军。在 2 ~ 3 块金牌的指标中，男子团体冠军是体操比赛中分量最重、最具影响力、含金量最高的一块金牌，也是中国队最为看重的。因此，男子团体冠军作为夺金的首选目标，已成为大家的共识。在中国体操队既要夺取男子团体冠军，又要确保 2 ~ 3 块金牌的大背景下，参赛运动员的人选问题自然就成为完成任务的关键。

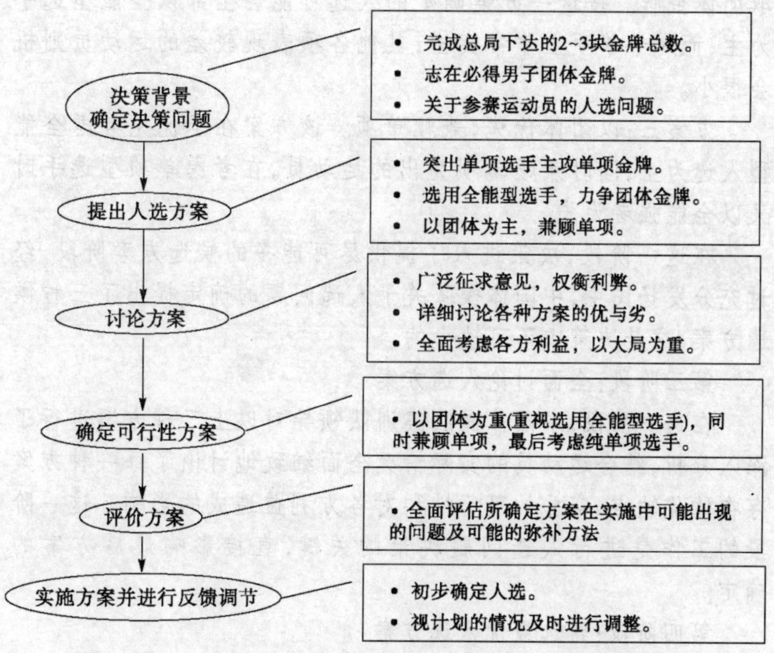

图 20　中国男子体操队悉尼奥运会确定人选的决策过程

第二阶段:提出可能的人选方案

在人选问题上,中国体操队集训队领导极为慎重。为决策好这一敏感问题,中国体操队集训队领导充分发扬民主,在以中心领导、体操队总教练、领队、男女队主教练为主组成的领导群体中集思广益,并在充分征求相关人员意见的基础上,经集体讨论,提出了三种可供选择的确定人选方案。

方案一:以确保完成 2 ~3 块金牌为出发点,分析各个夺金点的“胜算”大小,以“胜算”大的项目为主确定人选。这种方案的优点在于可以最大限度地确保金牌数量,缺点是对于一贯重视团体金牌的中国体操队来讲,按这一方案确定的人选有可能会对男子团体冠军的争夺产生不利影响。

方案二:以确保男子团体金牌为出发点,最大限度地确保夺

取团体金牌。按这一方案确定的人选可能会全部以全能型选手为主，而对于单项上非常突出，其他各项表现较差的运动员则机会很小。

方案三：以团体优先，兼顾单项。该方案在于优先考虑全能型人选为主，同时兼顾单项突出的运动员，在考虑单项型选手时又以全能强者为先。

在这一阶段，决策进入了提供尽可能多的候选方案阶段，经过充分发扬民主，中国体操队关于人选问题的确定提出了三种候选方案，这是决策中不可缺少的。

第三阶段：全面讨论人选方案

在这一阶段，中国体操队集训队领导对以上三种方案进行了深入分析，结合运动员的实际情况全面细致地讨论了每一种方案存在的优缺点、实施的可行性和对各方利益造成的影响。这一阶段的工作是进行人选问题决策的关键，直接影响最后方案的确定。

第四阶段：甄选最优人选方案

这一阶段是在全面讨论人选方案的基础上，确定最优人选方案的阶段。中国体操队经过对三种方案优劣的详细分析，最后决定选择第三种方案。该方案的优点是既可以最大限度地保证实现团体夺金的目标，同时，也可争取在多个点上确保单项金牌的争夺。按照这一方案，中国体操队对符合这一方案的运动员进行了权重排列。具体来看，运动员甲、运动员丁、运动员乙均属于全能兼单项型的选手，他们三人中除了运动员甲的鞍马、运动员丁的吊环、运动员乙的自由体操较弱外，其他各项均比较平均，而且运动员甲的跳马、双杠，运动员丁的自由体操、双杠、鞍马，运动员乙的双杠、吊环在单项上均具有很强的竞争实力，所以，这三名选手完全符合全能兼单项的条件被作为首选进行考虑。运动员丙、运动员卯、运动员已属于全能型选手，单项不突出，但全能六个项目没有明显的弱项，很适合于参加团体赛，可作为第二层次的人选。对于运动员庚和运动员戊两名单项型选手，考虑到运动员戊较运动员庚在全能上存在优势,六个项目均可以作为替补上场,而且跳马项目上也具有很强的夺金实力,因此,相比运动员庚可优先进行考虑。综合以上分析,可供考虑的参赛人选,按权重排列为:运动员甲、运动员丁、运动员乙、运动员丙、运动员卯、运动员已、运动员戊、运动员庚。

第五阶段:评价最优方案

中国体操队集训队领导对人选结果从四个方面进行了分析。第一,根据中国男队的实际情况,按照第三种方案的要求,分析运动员排序结果的实用性;第二,从男子团体比赛角度,对最大限度地形成最佳强弱互补组合的程度进行了评价;第三,从单项夺金的角度,对运动员甲、运动员乙两人在双杠上形成双保险,运动员甲、运动员戊在跳马上形成双保险的可能性进行了评价;第四,从比赛中可能会出现意外的角度,对可能采取的应对办法、弥补措施进行了评价。通过以上评价,中国体操队集训队领导一致认为确定的人选最大限度地满足了第三方案的要求,可有效保障男子团体冠军和两个单项夺金目标的实现。

第六阶段:实施方案

在实施方案阶段,第一步就是要指定和明确运动员在比赛中可能担任的角色。即对入选大名单的每一位运动员,明确其在团体、全能和单项上的任务,确立各自的训练目标。使每一个运动员都有上场的机会,形成了运动员之间的相互配合又各自独立的良性竞争机制。第二步就是要视运动员赛前状态对人选进行局部调整。我们知道,任何赛前方案的制订,都不是一成不变的,而是需要在临场根据队员的竞技状态和对手的实际表现及时对方案进行调整。中国体操队到悉尼以后,经过对主要对手俄罗斯男队实际表现的了解,发现俄罗斯男队的整体实力提高很快,比我们预先想象的要好。另外从中国队自己的训练情况看,运动员卯训练的表现不稳定,上场比赛的自信心不足,若以这样的状态上场比赛,必将给比赛带来很大的隐患。相反,运动员已赛前状态良好、斗志旺盛、自信心足,且急切的求战欲望极大地鼓舞了全队

的气势。根据这些情况，队领导经过慎重考虑，一致通过了用运动员己换下运动员卯的决定，最终确定了以运动员甲、运动员丁、运动员乙、运动员丙、运动员己和运动员戊为主的上场阵容，这一果断的决策为最后夺取奥运会团体冠军奠定了扎实的基础。

总之，像中国体操队这样按照决策的六段模式进行科学、有效决策的过程，在许多高水平运动队都是这样进行的。这说明要进行严谨、科学、有效的决策，必须要遵循科学的决策模式，有步骤、分阶段地进行，盲目、随意进行决策的结果必定缺乏科学性，也将常常失去其正确性。研究发现，诸如中国体操队、中国乒乓球队、中国射击队等集训队领导的决策，都持有严肃、认真、负责的态度，都能严格遵循项目的特征和运动训练的一般规律，有步骤、分阶段地按照科学的决策模式循序渐进地进行，所以都能确保每次大赛的每一重大决策的正确性、实用性和有效性。

四、集训队领导决策行为的控制

集训队领导的决策是按照科学、有效的决策模式，在获取大量相关信息的基础上进行的，但要进行科学、有效的决策，仅此是不够的，还必须在决策过程中掌握决策技巧，控制好决策的行为。控制决策行为主要是指在决策过程中避免出现群体思维和群体极化两种现象。群体思维和群体极化现象是决策过程中最难以控制的决策行为。组织行为学认为，群体思维现象是指群体对于从众的压力使群体对不寻常的、少数人的或不受欢迎的观点得不出客观的评价。群体极化是指在讨论可选择的方案，进行决策的过程中，群体成员倾向于夸大自己最初的立场或观点①。高水平运动队集训队领导的决策与其他任何团队领导的决策一样，非常容易受群体思维和群体极化的影响，使决策行为发生偏移，导致最终的决策结果改变了决策个体的真实观点和原有的想法，无法

① 边一民，等. 组织行为学[M]. 北京：浙江大学出版社，1998.

代表大多数人的意愿。在决策中，对于这两种决策现象，如果控制得合理就会使决策结果更具真实性、可靠性、实用性，否则将会直接降低决策的指导功能。因此，笔者认为对群体思维和群体极化现象的合理控制则是科学、有效决策的重点和核心。

（一）避免决策中的强权现象，形成民主决策氛围

1. 避免决策中的强权现象

我们知道，集训队的领导拥有极高的威望，具有绝对的权威性。在集训队中，人们崇拜和信任权威被认为是理所当然的事，是一种普遍现象。如果个人的观点与处于控制地位的权威或大部分成员的观点不一致时，在从群压力的作用下，个人或少部分人极易屈从于权威或大多数人的观点而变得退缩或改变自己的真实思想或信念，这就是决策强权现象。有这样一个例子，在一次教员会议上，会议主席提出了一个方案，然后等待教员们提出问题，大约 15 秒的沉默后，会议主席催促大家提问，仍然没有人反对，当主席让同意的人表决时，在场的大多数人举手赞成，但会后大约 20 分钟，一位教授拿着请求书又返回来，指出会议上的问题没有得到充分的讨论，当主席问他为什么在会议上不提出时，他沮丧地表示会后同别人交谈才知道其实许多人不同意这个问题，在会议上之所以没有发言，是因为他们觉得只是自己持有不同意见。很明显，这个会议被严重的群体思维现象所困扰。又如，在美国外交政策的决策中，1941 年的毫无准备的珍珠港事件、失败的越南战争及入侵朝鲜等决策过程均犯了严重的群体思维现象，由此使得决策出现了重大失误，为美国人民带来了巨大的损失和伤害①。

根据高水平运动队集训队领导构成的特点，笔者认为，在领导决策的行为控制中，特别要注意避免强权现象。决策中的强权现象不仅会失去更多的可供选择的好策略，而且还会压制个人参与决策的积极性和创造性思维，使得本应发挥集体智慧的领导集

① ［美］斯蒂芬·P. 罗宾斯. 组织行为学［M］. 北京：中国人民大学出版社，2000.

体决策变为主管领导的个人决策或成为少数人的决策,失去集体决策的优势,这就容易造成决策失误,影响赛前的训练准备和比赛目标的获取。

2.形成民主决策的氛围

集训队的领导在决策行为的控制中,要做到避免强权现象的发生,就必须努力营造一种民主决策氛围。我们每一个人都清楚,权威者的观点和意见固然有更大的参考价值,但这并不能说明权威者的意见就绝对正确。为了使决策更科学、更有效、更利于贯彻,在坚持权威优先的基础上,必须重视持不同观点成员的意见。中国体操队领导在就重大问题决策时总会细心听取来自不同方面的意见,广泛接受有利于运动队发展、有利于训练和比赛的建议,对于善意的提醒会以谦虚的态度来接受。多年的经验证明,虚心接受不同的意见和建议对于提高决策的科学性和有效性非常重要。中国体操队集训队的领导为在决策中营造民主决策氛围,还形成了几条不成文的规定:第一,领导必须树立以集体利益为重的"大局观",只要是对体操队发展有利、对国家有利、对取得成绩有利的意见和建议就坚决支持,对任何以集体利益为重、不计个人得失的建议者,都应受到尊重。第二,每一位领导者都要具有海纳百川的胸怀,相互提醒和鼓励对决策问题提出自己的观点,要从别人的观点中得到启发,即使是不成熟的观点也不应当忽视。第三,主管领导绝不先于成员对问题进行表态,特别是在对方案进行讨论的初期,要避免首先表现出对某种方案的偏爱,以充分发挥成员参与讨论的积极性。第四,全方位拓宽与决策问题相关的信息源,在决策前后,领导要与裁判员、教练员、科研人员甚至运动员等进行广泛的接触,从更大范围听取各方对决策问题的建议和反馈意见,为决策提供科学的依据。研究发现,中国体操队在营造民主决策氛围方面的做法,在中国乒乓球队、中国射击队等高水平运动队中都普遍存在,这一做法对避免权威独大引起的决策中的强权现象极为有效。

(二)强化创新决策意识

竞技体育的吸引力不仅在于竞争的激烈、比赛结果的悬念，更在于其充满着极大的冒险性，敢为、创新甚至是冒险已成为高水平运动队集训队领导应具备的职业素养。高水平运动队集训队领导的决策，在某些情况下，要求参与决策的领导要持谨慎态度，但在大多数数情况下，更要求具有果敢的冒险精神。通常情况下，提起冒险或许会给人以不太稳妥的感觉，之所以会有这样的印象，主要是它与中华民族传统文化中提倡的“稳”字相悖。其实，“冒险”一词在反映事态发展不确定性的同时，更反映了冒险者的拼搏和创新精神。大凡成功的领导者都是在工作中独树一帜，具有高度的创新精神的。

作为集训队的领导，头脑中时时都要有创新的意识，事事都要体现创新精神，要始终把运动队训练最前沿的新理念带进决策当中，给决策增添新的内容，使决策跟上日益提高的运动技术水平。当然，集训队领导的决策创新不应是凭一时感情冲动而产生的浅薄的随意决定，应该是在原有基础上为解决训练和比赛问题进行的充满创意的思考。我们知道，创新决策中的冒险是必然的，因为，创新和冒险是相互伴随的，有创新，就必然蕴含有冒险。总结中国体操队、中国乒乓球队等高水平运动队的成功，创新无处不在、无时不有，因为他们坚信唯一持久的竞争优势必定来自于比竞争更快的创新。拿体操项目来讲，创新是体操的生命，如果没有难度动作、技术教法，甚至是观念上的创新，中国体操技术水平就不会达到如此高的程度。处于体操发展最前沿的中国体操队每时每刻都面临着创新的挑战，创新理念无时不影响着中国体操队的每一位成员，特别是集训队领导。集训队领导的创新精神首先就应表现在对训练和比赛重大问题的决策当中，强化集训队领导的创新决策意识就是要培养领导者的创新和冒险精神。

总之，竞技运动水平的提高在很大程度上取决于体育运动本身的革命和创新。要在竞争中提高胜算、获取优胜，必须要有领导的创新决策作保证。“有创新则兴，无创新则衰”，这是对中国

优势运动项目研究的重要结论①。集训队的领导要强化创新决策意识,就需要时刻注意改变陈旧观念。在现实中,一种新的事物或行动能否被人们接受,关键在于人们的观念、知识和行为模式是否能发生改变。墨守成规、不思进取、自以为永远正确的陈旧观念是无法适应竞技体育技术飞速发展要求的。因此,作为一名优秀集训队领导就要敢于否定自己,抛弃过时的观念,不断去接受新思想、吸取新鲜养料、尝试新方法,以孜孜不倦的努力和追求做好决策工作,只有这样才能使决策充满创意。

(三)树立决策中的风险意识

我们知道,集训队领导的决策属于群体决策,而群体决策的最大弊端在于分散了决策责任,使得任何一位领导用不着单独对最后的决策结果负责,即使决策失败也没有一个成员能够承担全部责任。在此情况下,如果决策氛围趋向于激进、冒险,那么,随着决策的进行就会使得激进、冒险的氛围进一步加强,最终导致各领导成员的言行变得更大胆和冒险,随之而来的就会出现麻痹轻敌现象。

当然,敢于创新和冒险是应该的,但盲目、无知的冒险就变成了鲁莽。在集训队领导的决策中,不提倡创新精神,不冒一定的风险是不行的,但冒太大的风险也是错误的。趋利避害是人类的本能。强化集训队领导的创新决策意识和冒险精神,不是不要树立风险意识,而是应该比别人具有更敏锐的对风险的感知能力、对冒险结果的利与害相互关系的分析能力,更应该做到如何对有害的冒险进行回避。这也就是我们常讲的要“险中求稳”,通俗一点讲,就是在采取冒险行动之前,必须给自己想好退路,做到进可攻,退可守,防止做出一败涂地、全军覆没的决策。

① 谢亚龙,等.中国优势竞技项目制胜规律[M].北京:人民体育出版社,1992.

案例

树立风险意识,避免决策中的麻痹轻敌

(中国体操队备战2000年悉尼奥运会)

中国体操队的领导在决策中,历来都非常强调树立风险意识。近年来,中国男子体操队连续四次在世界体操锦标赛上取得团体冠军的事实,充分证明中国男子体操队的团体实力已明显超过了包括俄罗斯等体操强国在内的所有对手。从可能进入奥运军团主力阵容的队员看,运动员甲、运动员丁、运动员乙、运动员丙、运动员卯、运动员已等均属于全能兼单项或全能型选手,通过合理的搭配互补,可形成最强的团体阵容,取得奥运会团体冠军应理所当然,这一观念几乎成为业内人士的共识。但是,如果这一观念在集训队领导中也被潜移默化地强化,就会使领导成员潜在的轻敌意识得到滋生,从而导致决策风险的加大。为防止这一不良情况的发生,集训队领导采取"长他人志气"的方式,从以下几个方面对可能给中国体操队奥运会夺冠造成威胁的不利因素进行了全面分析,并对有可能出现意外的各个环节进行了预测,以引起集训队领导成员的重视,以便在决策时强化风险意识。

第一,中国男子体操队虽然连续夺得世界锦标赛的团体冠军,但在奥运会上还没有取得过团体上的突破,所有教练员、运动员都应重温1996年洛杉矶奥运会上与金牌失之交臂的遗憾。因此,即使我们有实力也决不能轻言夺取男子团体冠军是理所当然。

第二,在男子团体夺冠道路上,除俄罗斯外,罗马尼亚男队的整体实力也不容小视。在2000年欧洲体操锦标赛上,罗马尼亚队的表现令人刮目相看,他们的实力提高之快令人惊讶,对中国队争夺男子团体冠军直接构成了压力。

第三,奥运会比赛较锦标赛有着更多的不确定性,运动员参赛的压力会明显增大,比赛结果更容易受人为因素和其他不确定因素的干扰,其中人为的裁判问题,非人为的气候、时差、饮食、环境等问题,都会影响正常水平的发挥,对此应有足够的思想准备。

第四,奥运会前各国的实力都会有所隐藏。从以往的例子

看,在奥运会的比赛中,采取各种战略、战术,赛前掩盖实力、比赛出其不意、异军突起的例子数不胜数,对此,不能掉以轻心。

在此基础上,集训队领导还在大赛前的训练安排上对中国体操队存在的不足,采取了针对性的补充决定。

第一,确立以团体优势为原则的人选策略,坚决以全能兼单项和全能型选手作为主力阵容的首选。

第二,制定了弱项弥补策略。在训练安排上,坚持以团体优先为原则来考虑各项目的训练安排,其中首推单杠和自由体操,单杠是很容易失败的项目,且失误的频发点在于腾空飞行动作;自由体操的重点在于0.5分价值串,价值串的动作好练不好比,比赛中的失误率最高。为解决这些问题,每次训练课都安排单杠套和自由体操0.5分价值串动作的训练,并要求有失败必须进行补套,上场前不进行专项活动,以提高运动员的应急能力。

第三,贯彻从实战出发的策略。训练中,坚决贯彻从实战出发,从难、从严要求,大负荷训练。

★成套练习前少安排甚至不安排专项活动,着力强调各项目第一套的成功率,有失误者课后必须进行补套。

★成套练习各项目的轮换不安排间歇,必须连续进行。

★成套练习中,队员必须处于临战状态,全体站立以保持注意力的高度集中。

★成套动作的训练按比赛的抽签顺序,单杠、自由体操、鞍马、吊环、跳马、双杠依次进行。

★有目的地安排每项第一个上场的运动员,以提高运动员的心理抗压能力。

★以2~3倍超过比赛条件下的极限强度控制成套动作训练的负荷。

[案例分析]

事实证明,上述做法确保了中国体操队夺得男子团体冠军。

总之,避免强权决策现象、营造民主决策氛围、强化创新决策意识、强化决策风险意识是集训队领导有效控制决策行为的四个主要方面。综合这四个方面的分析，我们知道在非常崇尚权威的高水平运动队的领导决策中容易出现权威者或多数人主导决策结果的强权现象，在强权主导决策的环境中合理、有建设性的建议往往容易被忽视，而营造民主决策氛围正是避免强权决策的有效手段。另外，强化集训队领导的创新决策意识是竞技运动水平不断提高的必然趋势和各竞技项目的特点所要求的，作为集训队的领导要使决策最大限度地发挥作用，就必须在进行决策时倡导创新和冒险，同时，为有效控制盲目的冒险情绪，又要在决策中强化风险意识，只有这样才能有效控制集训队领导的决策行为，减少大赛前重大决策的失误，为取得大赛中的优异成绩作出战略、战术上的正确决策。

五、确保集训队领导有效决策的因素

（一）领导的专业水平

领导的专业水平主要是指领导掌握项目专业知识的程度。领导的专业水平越高就越能确保决策的正确性和有效性。竞技运动是一项专业性很强的特殊运动，作为高水平运动队集训队的领导，应该是业内专家，应深刻了解本项目的特点，掌握项目训练的内在规律，只有这样才能对训练中出现的问题进行正确决策。中国体操队、中国乒乓球队等高水平运动队集训队的领导就充分体现了强有力的业务能力，他们丰富的运动经历和“带兵打仗”的实践经验，使他们能在大赛前训练的组织实施和“排兵布阵”中起到核心指导作用，特别是在训练和比赛的关键时刻能及时提出问题，发动大家思考，找出解决问题的办法。由于他们具备极高的专业水平和崇高的威信，使得他们在进行重大决策时敢于决断，敢于承担责任。中国体操队在悉尼奥运会大赛临战前夕，在决定运动员上场人选的关键时刻，考虑到运动员卯的不良身体状况和不太稳定的心理状态，果断决策由斗志旺盛但实力不如运动员卯的运动员已替换上场，运动员已接到重任，信心倍增，在比赛中超水平地发挥了自己的实力，为中国体操队夺取男子团体冠军立下

了功劳。又如中国乒乓球队,20 世纪 80 年代末,我国传统的直板快攻打法出现危机,反手的弱点越发突出,他们大声疾呼:“任何一种先进打法,如果不再发展和进步就可能面临淘汰!”给乒乓球队敲响了警钟,推动了打法创新。

总之,高水平运动队集训队领导的专业水平会对决策的正确性、有效性产生直接影响。我们知道,竞技体育最诱人之处就在于比赛的悬念和对抗当中的优势互换,而每当关键时刻专业水平高的领导就会从专业的角度审视教练员“用兵”的谋略程度,适时地提出建议供教练员参考,以抓住战机为继续扩大优势或扭转颓势起到画龙点睛的作用。而缺乏专业水平的领导往往会做出弄巧成拙、得不偿失的决策。

(二)领导的博弈意识

“博弈”是指社会生活中存在的形形色色的需要依靠策略去战胜对手的竞争和对抗现象。博弈是一种理性的竞争,是人类社会实践中有规则的、有序的、有策略的特殊竞争方式。我们知道,竞技运动充满了各种冲突、对抗与竞争,特别是在高水平运动员之间这种现象表现更为突出,因此,博弈现象在竞技运动领域无处不在、无处不有,如竞赛中以奇制胜的战术安排,训练方法的创新运用等都充满了博弈。作为“体育博弈人”的集训队领导主要是指在体育博弈中独立决策、独立承担博弈结果的个人或组织①。集训队领导决策的目的就在于尽最大努力选择有效的行动策略以获取运动员在比赛中有更大的“胜算”概率。由于在决策过程中,获得信息的不完整和受竞赛规则及其他现实条件的限制,不可能使每一项决策都能达到百分之百的“胜算”,决策的预期目的可能实现也可能实不现。另外,受比赛突发和偶然事件的影响,也会使原本正确的决策变得不符合实际。所有这些都使得决策本身充满了不稳定性,这种不稳定性无形中给集训队领导的决策带来了很大的随机性、动态性和风险性,大大增加了决策中的博

① 李益群,等. 体育博弈论[M]. 北京:北京体育大学出版社,2002.

弈成分。因此，集训队领导要做到正确、有效的决策，就应该充分考虑和估计到决策中的随机性、动态性和风险性，建立起博弈决策意识，只有这样才能对决策策略随情况的变化进行及时调整和变更，以适应临场的需要。

（三）领导的超前思维和创新意识

超前思维是指集训队领导在遵循运动训练客观规律的基础上，在决策过程中通过预测决策问题未来发展的趋势，对影响策略的因素进行预见性思考和超前把握。

我们知道，大赛前集训队领导的决策都是围绕比赛进行的，准确预测大赛可能发生的情况和超前把握可能对策略产生影响的各种因素，就成为集训队领导有效决策的关键。中国体操队备战 2000 年悉尼奥运会期间，就如何从实战出发，通过大强度、大运动量的训练来提高运动员在大赛中的实战能力问题进行过决策。在决策中，中国体操队集训队领导充分预测到当前体操难度的发展已经到了空前的程度，在比赛中靠创新动作赢得比赛胜利的可能性越来越小，只能通过高质量、高稳定性、充沛的体力和极强的承受大赛压力的能力，才能在激烈的比赛中占有先机。这种超前思维直接体现在大赛前的训练安排上，要求教练员要打破常规，在教法、训练手段及管理等方面进行创新。表 9 中所列就是中国男子体操队备战悉尼奥运会赛前训练控制中在训练计划的制订、训练组织形式、补弱项手段、负荷强度的控制及技术动作教法等方面表现出的创新，其目的就在于实现集训队领导对大赛制胜要素的预测和超前把握的预见性。事实证明，中国体操队集训队领导的这一预见性决策，在比赛中发挥了决定性的作用。从运动员在比赛中的表现我们可以看到，中国体操队的运动员与对手相比，虽然在动作难度上相差不大，但连续作战能力、抗压力能力、训练作风、动作稳定程度和动作质量等方面则有明显的优势，正是这些方面的优势才保证了中国男子体操队首次夺得奥运会体操团体冠军，实现了中国体操界几代人的梦想。由此可以说明，高水平运动队集训队领导在决策上一定要具有超前意识，用

超前性的思维决策大赛前的训练问题，使得在策略的运用上始终先于对手一步，往往就是因为在策略上的微小优势，才决定了高水平运动员之间在势均力敌竞争中的胜负。

(四)决策节奏控制

尽管对重大问题进行正确、有效的决策是集训队领导的首要任务，但是大赛前集训队工作的重点在于训练，集训队领导需要把主要精力放在训练上。过于频繁的集会决策，不但会降低决策的效率，而且还会分散精力，干扰正常的训练，给教练员、运动员增加心理负担。因此，为了提高决策的效率，防止把时间花费在无休止的讨论当中，合理的做法应该是视问题的重要程度、迫切程度、保密程度掌握决策的节奏，适当控制决策人员的规模，缩短决策的时间，减少决策的次数，以达到既能解决问题，又不影响训练的效果。

表9　中国男子体操队备战悉尼奥运会赛前训练控制的创新选例

序号	所属范围	创新内容
1	训练计划的制订	采用了统一性的指导计划与针对性的个体计划相结合的“双计划”方式。
2	准备部分的组织形式	教练员身体力行，以不同的风格，以每次课都不相同的形式和内容组织练习，并亲自参与练习，强化新异刺激和教练员的示范效应。
3	对单杠、自由体操的安排	每次训练课都有1~2套完整套或架子串训练；强调第一套在不进行专项活动前提下的成功率；对失败套必补。
4	最大负荷强度的控制	2小时内完成6×2套的完整套强化训练；换项间不休息。
5	教法手段的运用	▲向前技巧串的连接技术要求运动员在脚着地以后再发力，以控制节奏。 ▲“特卡切夫”的完成要以“后转肩”的动作感觉来发力。 ▲跳马的推手，要求早上脚，并以“扒”“拨”马的技术完成推手，形成“过渡式”的推手技术。 ▲双杠“后空翻挂臂”动作的下浪，要立肩、出胸、展髋、留腿，以克服早发力和屈髋的错误。 ……

（五）决策的环境背景

集训队领导决策的正确、有效性与决策的环境背景是密切相关的。除了我们上面所提到的领导专业水平、博弈意识、超前思维、决策节奏控制之外，运动队的优良传统以及已取得的成绩绩效的大小和拥有的荣誉等（即决策的环境背景）也都直接影响着集训队领导的决策。如果集训队拥有优良传统、成绩辉煌、充满荣耀的环境背景，就会增加集训队领导的责任感和神圣感，这样不但可以有效激发集训队领导决策的积极性和创造性，而且可以提高集训队领导的内聚力，从而促进决策的科学性和有效性。中国体操队、中国乒乓球队等就属于拥有良好环境背景的高水平运动队，多年来，在几代“体操人”、“乒乓人”的不懈努力中给运动队留下了许多优良传统和具有项目特点的文化遗产，全面影响着运动队，也影响着集训队领导的决策。这些高水平运动队拥有辉煌的战绩，都曾培养过数十名世界冠军，现在依然强盛不衰，令对手生畏。身为拥有辉煌战绩、不断培养世界冠军运动队的领导，不但有压力，而且更有动力，由此产生的压力和动力会不断提高领导的敬业精神，使他们在决策中始终以大赛夺冠为目标，以国家利益为重，坦诚地交换意见，形成精诚团结的领导核心，提高决策效率，做到正确有效的决策。

总之，集训队领导决策的效果会受到领导的专业水平、领导的博弈意识、领导的超前思维、决策节奏和决策环境背景等多种因素的影响，这些因素会从不同角度对集训队领导的决策产生不同程度的影响。作为集训队领导要做到正确、有效的决策就需要不断提高自身的专业水平，强化博弈意识，养成超前的思维习惯，此外，还要有效控制决策的节奏，充分利用良好的环境背景，只有这样才能做到科学、有效的决策。

第十二章　发挥优秀运动队文化对集训队的作用

一、运动队文化是建设优秀运动队的根本

文化、经济一体化是21世纪经济的发展趋势。有人预言，文化就是明天的经济，要进一步推进企业的发展，要真正成为世界第一流的企业，就要借助于企业文化力[①]。20世纪90年代以来，跨国公司的全球战略无不是为获取文化资本而进行的。可以这样说，一个企业创造和拥有文化资本的多寡，将决定其在市场竞争中的地位。

（一）组织文化（organizational culture）的概念

相对文化来讲，组织文化是一种亚文化，是企业、学校、政府部门或社会团体等组织所特有的文化氛围，它反映着组织成员这个特殊群体的文化特征。

从组织文化的定义来看，不同的学者有不同的表述。在西方，有许多学者对组织文化进行过描述：组织文化代表的是一个组织成员共有的理念、期望、思想、价值观以及行为的复杂模式[②]；组织文化是指组织成员的共同价值观体系，具体包括创新与冒险、注意细节、结果定向、人际导向、团队定向、进取心和稳定性七

① 贾春峰. 21世纪中国企业文化发展走势[N]. 中国经济时报. 2001-2-2.

② [美]唐·荷尔瑞格，小约翰·W. 斯劳卡姆，理查德·W. 渥德曼. 组织行为学[M]. 第八版. 胡英坤，等，译. 沈阳：东北财经大学出版社，2001.

方面的特征,它使组织独具特色,区别于其他组织[1]。中国学者边一民教授认为,组织文化是指在组织长期发展过程中形成的,对组织的存在和发展起着巨大作用的,以价值观念为核心内容的组织精神、行为方式和组织文化网络等的集合体[2];李剑峰博士认为,组织文化是指组织成员共同拥有的,用来指导彼此行为的价值观系统[3];于显洋教授认为,组织文化是指组织成员在长期的相互作用和相互影响过程中所形成的共同价值观体系,它包括组织成员共有的人生观、思想意识、价值观念、理想、信念、期望、态度和行为准则的总和[4]。

从上述组织文化定义可以看出,组织文化有以下几方面的特征:第一,组织文化是一个价值观体系;第二,组织文化是组织特有,并在组织内部产生的;第三,组织文化是组织长期发展的产物,是在组织成员的互动过程中形成的;第四,组织文化必须能指导组织成员的行为,对组织的发展发挥巨大的作用。

沙因(Edgar Schein)指出,组织文化源于组织成员对如何处理外部适应(external adaptation)和内部整合(internal integration)问题达成的共识[5]。组织文化的形成是一个历史过程,它不是凭空产生的,它是随着组织的诞生、创始人的倡导、组织的各种规定和活动制度化以及组织成员对于基本的、有意义的行为的共同理解,并经过甄选、高层人士倡导、社会化而逐步形成和发展起来的,并且一旦形成是很难消失的。组织文化的最初源头是组织的创始人,他们规划组织的发展蓝图,把特定的理念和价值观作为发展战略加以贯彻,当这些理念和价值观导致组织成功后,它们就会被制度化而长期保存下来,形成组织文化的雏形。当然,在

① [美]斯蒂芬·P.罗宾斯.组织行为学[M].北京:中国人民大学出版社,2000.

② 边一民,等.组织行为学[M].杭州:浙江大学出版社,1998.

③ 李剑锋.组织行为管理[M].北京:中国人民大学出版社,2000.

④ 于显洋.组织社会学[M].北京:中国人民大学出版社,2001.

⑤ [美]唐·荷尔瑞格,小约翰·W.斯劳卡姆,理查德·W.渥德曼.组织行为学[M].第八版.胡英坤,等,译.沈阳:东北财经大学出版社,2001.

组织文化建立以后，它还要经过一系列的强化过程，首先是要对进入组织的成员进行识别和挑选，使被甄选出的组织成员符合组织的要求，并与组织文化相一致，以此来维系组织文化的存在。其次，高层管理人员要通过身体力行把组织文化灌输到组织的工作中去，使员工在接受管理的过程中不断认同。最后，组织成员在组织文化的作用下，不断改变自己原有的价值观、态度和期望，逐步接受组织的规章制度、行为规范，并通过与组织文化的融合把它内化为自己的自觉行动，进而开始传播组织文化。经过对初期组织文化的不断强化和随着被保存下来的理念和价值观的日积月累，组织文化的内涵会越来越丰富，最终形成一个比较完整的，打着创始人追求的宗旨、价值观、愿景的印记，体现出创始人独有风格和特色的组织文化。

(二)优秀运动队文化的重要性

我们知道，组织文化是现代企业中最活跃、最有创造力的因素。组织文化建设是推动社会经济发展和提高组织管理效率的基础工程，是增强组织活力并保证组织在激烈的市场竞争中立于不败之地的关键。随着知识经济的到来，高水平运动队作为从事竞技体育这一特殊职业的群体同样受着组织文化发展潮流的影响，不可能不闻不问，置运动队文化的发展于不顾。实际上，运动队文化已对高水平运动队的兴衰起着越来越显著的作用，富有个性和特色的文化底蕴已成为高水平运动队克敌制胜的核心竞争力。当前，高水平运动队文化越来越提倡运动队精神、价值观的人格化和运动员与运动队合二为一的境界，可以说，组织文化已深深地融入了高水平运动队“以人为本”的管理模式当中。在高水平运动队，运动队文化将以共同价值观为核心，教育、引导和规范运动员的训练行为；通过“以人为本”的管理，培养运动员训练的自觉意识，将运动员置于运动队管理的主导地位；做到以文化改变运动员，通过文化调动运动员的积极性、主动性和创造性。实践证明，符合高水平运动队发展规律的、积极进取和具有有效激励作用的运动队文化，能不断推动高水平运动队向着更高的运动技术水平攀登。高水平运动队要成为高绩效团队，在竞争日益激烈的环境中不断取得优异成绩，就必须用带有浓厚运动队色彩的文化来统一运动员的思想，激励和约束运动员的行为。

总体来看，高水平运动队文化在于以“文化人”的规范，即运用文化的特点和规律于运动队的管理之中来改造运动员，使运动员产生创造性、自觉性，从而对高水平运动队的价值观、团队精神产生强烈的认同感，按运动队文化倡导的内容去行动，全身心投入到训练和比赛当中。具体来看，运动队文化对高水平运动队具有以下作用。

1. 目标导向

在高水平运动队中，运动队文化可以使运动员的个体目标与运动队的整体目标保持一致。高水平运动队文化的目标导向具体涉及运动员导向、比赛预期导向和竞争协作导向，其中，运动员导向是指运动队公正地对待运动员，支持运动员全力投入训练，尊重运动员的个人权力；比赛预期导向是指运动队关注如何取得比赛的预期结果；运动员竞争协作导向是指运动队强调运动员既竞争又协作的人际关系，追求的不仅仅是个人成就，更重要的是团队成就。

2. 团结凝聚

组织文化强调团队目标和团队成员工作目标的一致性，强调团队成员的信念、价值观念的共同性，为的是形成团队对成员的吸引力和成员对团队的向心力。因此，高水平运动队文化的建立可以通过给运动员提供言谈举止的行为标准来指导运动员的行为，从而产生巨大的内聚作用，把运动员聚合起来，形成巨大的凝聚力，做到精诚团结、一致对外。

3. 激励振奋运动员

运动队文化可以激励运动员，唤起其自信、自强和团结进取的精神；可以理解和尊重运动员，满足运动员的个人需要，使运动员产生受尊重和愉快的情感体验。随着运动员心理需要的满足和自身价值的体现，荣誉感、责任心和为获得新的、更大的成功的

欲望就会被充分激发，从而提高运动员的斗志，振奋其精神。

4. 赋予运动员创新动机和强化其创新精神

技术动作的不断创新是竞技运动水平向前发展的一个显著特征，因此，借助于运动队文化的创新内涵可以有效地拓展和形成运动队的创新观念和创新思维。

5. 约束教育运动员

在运动队的管理中，教练员可以通过一些非正式的、约定俗成的群体规范或共同的价值观准则，对运动员的思想、性格、情趣产生潜移默化的影响，引导和培养运动员具有正确的态度和行为，使运动员与运动队的行为保持一致。运动队文化对运动员行为的这种影响作用比起权威和行政命令往往有着更大的的效力。

除了以上几点之外，运动队文化还对提高运动队决策效率、鼓励运动员间的合作、促成运动员达成共识、增加运动员的承诺、改善运动员之间的人际关系和相互沟通等方面都具有十分重要的意义。

二、优秀运动队文化的内容

中国企业文化研究会常务副理事长、秘书长孟凡驰先生，在《企业文化本质、特征透视及未来展望》一文中指出，企业文化的内容有两个层面，一是在表面上的可见物像和可测行为，即组织成员共同享有的有关人们穿着和行为的方式，组织环境故事和仪式；二是文化中的可见因素反映出存在于组织成员思想中的深层次价值观，这些深层次的价值观、基本信念、思维方式才是真正的企业文化[①]。此外，也有学者认为组织文化由三个层次的内容组成：第一层次是文化的外显部分，以企业为例，指企业组织中的厂房、设施、机器、装备、产品、厂容厂貌等外显的、物质的东西。较深一层的第二层次，称为制度文化，指组织的规章制度、公约、纪律等制度形态的东西。最深层为核心层，称为精神文化，指组织

① 孟凡驰. 企业文化本质、特征透视及未来展望[J]. 企业文化，2002(4).

的价值观念、信念、理想等精神形态的东西。李剑峰博士把组织文化的内容系统地分成了4个层次，见图21①。其中，指标层次中的故事、仪式、语言、符号是描述和理解组织文化的常用指标，是组织文化最表层的标志；行为规范层次是指规定什么是合适的行为、什么是不合适的行为的准则；基本价值观层次是决定故事、符号、规范等性质与内容的价值观，它代表的是对关于什么是好的、正常的、合理的和有价值的等的集体看法和感觉；核心假设层次是指组织成员如何感知、思考和感受各种事物。在这四个层次

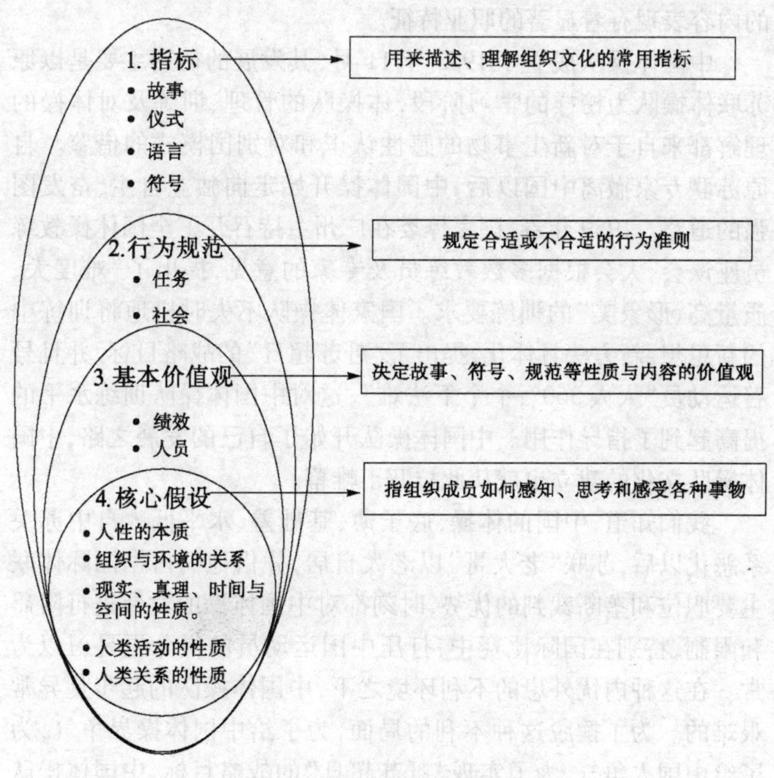

图21　组织文化的内容系统

① 李剑锋. 组织行为管理[M]. 北京：中国人民大学出版社，2000.

中,核心假设是组织文化中可见度最差、最深层的内容,是所有成员共有的主观臆断,代表的是对想当然的事实和人类本质的看法;基本价值观较核心假设具有更清晰的轮廓,基本价值观一旦形成则较难改变;而共有的行为标准又比价值观更有可见性,也比价值观容易改变;指标是组织文化四个层次中最生动、最表面化、最易见到的有形物体。

高水平运动队文化作为企业文化的变种,其内容同样具有企业文化的层次性特征,当然,考虑到高水平运动队的特殊性,文化的内容表现有着显著的职业特征。

中国体操队成立于1953年11月,其发展的初期主要是以原苏联体操队为榜样的学习阶段,体操队的管理、训练及对体操的理解都来自于对新生事物的感性认识和对别国模式的借鉴。自原苏联专家撤离中国以后,中国体操开始走向独立自主、奋发图强的道路。1959年春,国家体委在广州主持召开了全国体操教练员座谈会,大会根据多数教练员及专家的意见,提出了"难度大、质量高、形象美"的训练要求。国家体操队不失时机地将训练中的新思想、新方法具体化,提出了"赶苏超日"的战略目标,并且号召运动员"人人360°,个个下法难",这对中国体操队训练水平的提高起到了指导作用。中国体操队开始了自己的发展之路,中国体操队文化的建立也就从此拉开了帷幕。

我们知道,中国的体操,底子薄、基础差、水平低。自中苏关系恶化以后,苏联"老大哥"以老大自居,凭借他们占据国际体联主要职位和垄断裁判的优势,时刻都对中国体操的发展进行阻碍和限制,特别在国际比赛中,打压中国运动员的得分更是习以为常。在这种内忧外患的不利环境之下,中国体操队的起步是异常艰难的。为了摆脱这种不利的局面,为了给中国体操界争气,为了给中国人争气,为了实现"赶苏超日"的战略目标,中国体操队大力倡导"爱国主义"、"吃大苦、耐大劳"、"不吃苦中苦,难做人上人"的价值观。随着1979年中国女运动员马燕红首次为中国夺取第一个体操世界冠军以后,中国体操队的文化进入了一个迅速的发展期。“吃大苦，耐大劳”的信念和价值观，不但得到了巩固和加强，而且被坚定不移地贯彻在训练之中，成为了约束和指导运动员训练行为的准则。

中国体操队自20世纪80年代起，在培养黄玉斌、李月久、李小平、李宁、童非、娄云等多名世界冠军的过程中，价值观也得到了极大的丰富和发展。在此阶段，为了扩大已取得的成绩，开始全面贯彻以“发展难新动作，以难制胜、以创新求发展”的战略指导思想。在这一时期，出现了一大批以中国运动员命名的难新动作，像“童非移位”、“李月久空翻”、“娄云跳”、“李宁正吊”等等。这一战略指导思想的实施，使中国体操队具有了克敌制胜的绝招，在不断取得优异成绩和培养大批世界冠军的同时，也为中国体操队的价值观体系添上了浓重的一笔。

20世纪90年代以后，世界体操进入了百家争鸣的全面发展时期，难度的发展也越来越大。复杂的动作技术对运动员的潜能提出了前所未有的挑战，许多运动员都放弃了全能项目的训练，转而把全部精力投入到个别强项的训练中，从而使得单项上的竞争越来越激烈。在这样的不利环境之下，为取得全面的突破，中国体操队竭力倡导“三从一大，科学化训练”的理念。在训练中，坚定不移地贯彻在科学训练指导下“从难、从严、从实战出发，大运动量训练”的原则，并特别强调运动员训练作风的培养。同时，鼓励教练员努力开拓思想，通过全方位的学习，对技术教法进行钻研和探索。在这一时期，中国体操队又先后培养了李敬、李小双、黄力平、李春阳、张津京、李小鹏、黄旭、邢傲伟、杨威、郑李辉、卢裕富、肖俊峰、董震、毕文静和刘旋等著名的世界冠军。由此，使得在20世纪90年代广泛倡导的“三从一大”的训练原则，在科学化训练的指引下，再次成为中国体操队控制训练负荷量、提高运动员专项能力和不断探索先进技术的秘诀。它不但深深地印入了运动员的脑海，而且对教练员有效控制运动员的训练行为发挥着巨大的作用，由此更进一步强化了中国体操队的文化内涵。

在中国体操队成长和发展的过程中，上自领导，下到教练员、

运动员之间,都结下了深厚的友情,他们为了中国体操事业的不断发展,都以真情投入,形成了“以珍爱体操为纽带,以情义促沟通”的工作关系。在此基础上,中国体操队又进一步确立了“以大局求一致”的工作原则,要求任何个人利益的得失都必须以大局为重。因为,经历过中国体操队从创业到发展的每一个成员都非常清楚,今天的荣誉来之不易,它经历了几代人的不懈努力,甚至是不惜流血,牺牲生命。因此,为了珍惜和爱护已取得的中国体操大发展的良好局面,为了保持良好的训练工作环境,中国体操队大力倡导国家和集体利益优先于个人利益的“大局”观。对国家忠诚的价值观的确立,成为了中国体操队解决工作矛盾的一把金钥匙,任何工作矛盾,都由此得到了有效化解,它保证了中国体操队在多年的工作、训练中能始终保持高度的协调和一致。

中国体操队多年的成功,离不开体操“当家人”的引领。国家体育总局体操管理中心主任和副主任,多年来始终引领着中国体操向着更快、更高、更强的方向发展,成为了名副其实的中国体操队“当家人”,他们的权威性令人信服和敬佩。那位中国体操队总教练员,被称为世界冠军“制造者”的“少帅”,20 世纪 80 年代后成为培养世界冠军最多的“冠军教练”,在中国体操队具有崇高的威望,其训练手段和方法令广大的教练员、运动员佩服。另外,体操王子李宁、奥运会冠军李小双、李小鹏等著名运动员的成功经历,多年来也始终激励着后辈运动员在不断努力,他们的行为成为广大运动员效仿的榜样。因此,权威的领导者、教练员和极具影响力的运动员作为英雄式的人物,已成为运动员心目中的偶像,深深地影响着运动员价值观的形成,对英雄忠诚的信念已根深蒂固。

当今世界体操的发展已今非昔比,经济大潮的影响也已渗透到了竞技体育的每一个角落,运动员对于运动成绩的追求,已不再是单纯的成就感和荣誉感,经济利益和明星效应对运动员有着越来越大的诱惑,也使得中国体操队运动员的利益观念变得浓重起来。为了避免运动员过于追求个人利益的得失和形成不良的训练动机,中国体操队通过强调团体项目优先的方式,大力宣扬团体比赛中运动员之间的合作意识和团队精神,积极引导运动员要超越相互间的竞争,通过协作实现共同的目标,从而使得"超越竞争,寻求合作"、"精诚团结,全力对外"、"以团队的获胜为己任"的团队精神,在中国体操队得到了空前的强化。由中国男子体操队连续四次夺取世界体操锦标赛团体冠军和勇夺2000年悉尼奥运会团体冠军的事实充分证明,运动员团队协作意识的培养和团队精神的树立是卓有成效的,对合作忠诚的价值观作为近年来中国体操队文化建设的全新内容,已全面融入日常的训练之中。

纵观中国体操队的发展历程,我们深刻地感悟到爱国奉献、吃苦耐劳、力致锦标、权威主导和团队协作的意识和观念最为突出,它贯穿在文化当中,构成了中国体操队的基本价值观。通过对中国体操队等高水平运动队文化的研究,我们发现,高水平运动队有着内涵十分丰富的文化,其内容突出表现在高水平运动队的共同价值观、明确的奋斗目标、良好的群体规范与队风、强烈的团队精神和"以人为本"的管理模式五个方面。

(一)共同的价值观

戴维·波普诺在《社会学》一书中指出,价值观是一个社会中人们所共同持有的关于如何区分对与错、好与坏、违背或符合意愿的观念。价值观是决定社会的目标和理想的普遍和抽象的观念。价值观通常是充满感情的,它可以为一个人的行为提供正当的理由(克拉克洪,1961;威廉斯,1986)[①]。《辞海》认为价值观是关于价值的一定信念、倾向、主张和态度的系统观点。它起着行为取向、评价标准、评价原则和尺度的作用。具体表现为经济价值观、政治价值观、道德价值观、职业价值观、生活价值观和人生价值观[②]。

---

① 国际社会学百科全书[M].成都:四川人民出版社,1989.

② 夏征农.辞海[M].上海:上海辞书出版社,1999.

价值观是组织文化的核心和基石，它使组织成员有一种奔向共同目标的意识，也为成员提供了据以行动的指导思想和判断是非的标准。《追求卓越》一书的作者彼得斯、沃特曼在考察美国的IBM、INTEL公司、惠普公司等62家大公司以后得出这样的结论：贯穿所有美国杰出公司的一个共同的特色，就是每家公司都有着共同遵守的价值观念。价值观对于组织的发展具有极为重要的指导意义，它决定了组织的基本特性，是组织的内在驱动力，是组织至高无上的信条。在组织中，价值观是代表组织成员的主导价值观，它体现在组织的一切活动当中，通过组织目标、组织精神、组织道德等反映出来。

本书把高水平运动队所具有的同共价值观概括为“一少，四忠诚”，即较少的以自我为中心，追求对国家荣誉忠诚、对最高目标忠诚、对英雄忠诚、对合作忠诚的价值观。作为由国家投入培养成材的中国高水平运动员，在心目中国家的地位远远高于个人，个人是属于国家而不是自己的观念已深深地印刻在运动员的心底，形成了较少以自我为中心的价值观。对国家荣誉忠诚就是以国家需要、国家利益为重，大讲爱国主义精神。例如，中国体操队总教练黄玉斌曾经说过：“要登上运动生涯最辉煌的顶点，天赋和刻苦训练是基础，但作为中华儿女，把我们托上世界冠军、奥运冠军领奖台最大的动力却是满腔的爱国主义热情。”在此基础上，才能考虑比赛获胜后所能获得的物质奖励。知恩图报、报效祖国是中国传统文化的精髓，受其影响，加之国家对运动员成材过程的巨大投入，就使得运动员形成了精忠报国的价值观。对最高目标忠诚就是以追求锦标为己任，以获取世界冠军和奥运会冠军为不可推卸的责任。竞技体育的精神就是不断追求更快、更高、更强，成为世界冠军实现报国的宿愿，这已成为中国高水平运动员不懈追求的最高目标。对英雄忠诚就是崇拜英雄式的人物，乒乓球队的容国团、徐寅生、李富荣等，体操队的马燕红、李宁、李小双等，射击队的许海峰、王义夫等，还有“少帅”蔡振华、黄玉斌、李永波等都是最令人崇拜的英雄人物，由此形成了在残酷的竞争中唯有强者最令人信服的价值观。对合作忠诚就是通过集体的力量，发挥集体的智慧形成巨大的合力。重视团体比赛，看重团体冠军的影响力是中国高水平运动队多年来的一致追求，这一行为就促使广大的教练员和运动员从始至终都提倡协作，形成了讲究团队精神的价值观。这"一少，四忠诚"的共同价值观构成了中国高水平运动队文化的核心和基石，正是这种价值观的确立，才突现了中国高水平运动队组织文化的特有内涵，也为中国高水平运动队能保持常盛不衰提供了强大的思想保证和精神动力。

中国体操队的价值观体系，折射出了中国高水平运动队所共有的价值观内涵。对处于同一体制，具有同一发展背景和社会大环境的众多高水平运动队，运动队文化的内涵或许会有不同，但其形成的时间特征、时代背景、政策导向、训练条件及人员构成等诸多方面都极为相似。因此，可以说，中国体操队文化中的价值观是中国诸多高水平运动队共同价值观念的代表，它体现了中国高水平运动队文化的共同价值观。

(二)确定的奋斗目标——世界冠军

任何组织文化都必须体现明确和共同的目标，通过管理者对成员的引导，使全体成员为实现这一共同的目标而不懈努力。高水平运动队的使命，即生存和发展的唯一目标就是要在世界三大赛事中创造优异的运动成绩，夺取世界冠军。实现这一目标是高水平运动队至高无上的理想，为使这一奋斗目标在运动员的思想上根深蒂固，高水平运动队已把夺取世界冠军作为运动队文化的重要内容。

1.不愿做将军的士兵就不是好士兵/不想当世界冠军，就别进国家队大门

为了使运动员树立明确的冠军意识，中国体操队全面信奉"不愿做将军的士兵，就不是好士兵"的锦标理念，对大赛中靠实力获胜的运动员加大宣传的力度、进行重奖。在提供训练条件和生活待遇方面，全面体现"胜者为王"的优势，使每一个运动员都深深感受到不拿世界冠军在国家队就没有立足之地。当然，冠军

意识的建立不仅仅是中国体操队的专利,在中国乒乓球队则有更为直接的体现。中国乒乓球队一贯坚持"不想当世界冠军的运动员,就别进国家队大门"的原则。中国乒乓球队新队员一入国家队就安排他们观看容国团等老一辈运动员争冠夺标激烈场面的录像,从一开始就激励新运动员树立明确的目标。邓亚萍曾经说过:"一个人追求的目标越高,他的才能就发展得越快。"中国体操队和乒乓球队在帮助运动员确定世界冠军为奋斗目标的过程中,虽然使用的口号、表达的方式不同,但目的是一致的,就是要用高水平运动队力夺世界冠军的这种文化理念武装运动员的思想。

2. 上世界冠军光荣榜

中国体操队为强化运动员的冠军意识,在体操房最醒目的地方,布置了世界冠军光荣榜,并请我国著名书法大师韩美林书写了榜名:"世界冠军光荣榜"。每年都要举行新世界冠军的隆重登榜仪式,以表彰和宣扬通过刻苦训练取得世界冠军的运动员,并以此鼓励其他所有运动员都要为此不懈努力,争做世界冠军。从1979 年中国体操队培养出第一位世界冠军起,到 2001 年已经有 36 位杰出的优秀体操运动员"榜上有名"。2002 年 1 月 17 日,在第 35 届世界体操锦标赛中获得"全能王"桂冠的 17 岁新秀冯敬成为第 37 位登榜者。面对鲜花和国旗,冯敬激动地说,"我是幸运的,因为我成长在一个光荣团结的大集体中,没有集体的培养,就不可能有今天的成绩。"尽管 16 岁就成了新科"全能王",但冯敬清醒地认识到,自己与世界优秀选手之间还存在不小的差距,基本姿态、动作的质量规格上还需要进一步精雕细刻。目前,冯敬已经把目标瞄准雅典奥运会,他表示,在今后的日子里将加倍刻苦训练,力争早日登上渴望已久的奥运冠军领奖台。中国体操队的这一做法就是要树立运动员的"锦标"意识。

3. 拥有梦想,形成动力

拥有梦想就是要使运动员有世界冠军的理想,有世界冠军的远大抱负,这种理想、抱负的存在可以促使运动员向着目标去努力,形成长期的精神动力,驱使运动员不断地加大训练的投入,承受更大的训练压力,直到实现梦想。孔令辉1988年刚入国家青年队时,就写了一篇题为"我的理想"的日记,其表达的志向和决心就是夺世界冠军,夺奥运会冠军。在随后多年的训练中,这一理想不断鞭策着他刻苦训练,随着技术水平的不断提高,这一理想的实现自然成为了现实。

总之,确定世界冠军的奋斗目标已成为高水平运动队文化的主要内容。实践证明,高水平运动队通过采取有效的文化传播手段,已使这一奋斗目标通过文化辐射作用渗透到了运动员的思想当中,已使运动员有效地建立起了世界冠军的意识,形成了强大的驱动力,有效地调控行为向着目标去行动;已使运动队建立起世界冠军的文化氛围,正在紧紧围绕着夺取世界冠军这一中心目标而展开训练,无论训练中出现什么样的矛盾,都能在实现总目标的前提下得到妥善解决。

(三)良好的群体规范与队风

群体规范是指在群体内部,由群体成员共同建立起来的,被一致公认和接受的,有助于群体成员达成协同一致的行为准则[①]。高水平运动队治军有素的重要保障,就是有着良好的群体规范、队风条例和约定俗成的行为标准。高水平运动队明确成文的群体规范与队风条例,主要包括教练员守则、运动员守则、场馆管理条例、作息制度、后勤服务制度管理条例等各项规章制度及各项训练工作中的法规、政策。这些条例、法规、政策在高水平运动队得到了全面的、一丝不苟的执行和贯彻,长此以往,一贯坚持。除此之外,高水平运动队内部有着许多约定俗成的行为标准和条例并没有明文规定,但在相当大的程度上,正是这些约定俗成的行为标准和条例构成了高水平运动队特有的文化内容。这些约定俗成的行为标准和条例是高水平运动队文化不可缺少的重要内容,坚决贯彻这些约定俗成的行为标准和条例已成为高水平运动队文化的一大景观。

① 边一民,等.组织行为学[M].杭州:浙江大学出版社,1998.

1. 重形象、仪表,讲大将风度

高水平运动员不仅仅只是技术上的水平高,更应具备与高超技术相匹配的人格修养,只有具备了较高的人格修养才能使运动员的技术水平得到更加完美的提高和发挥。中国体操队所特有的文化内容之一,就是要求运动员必须具有艺术、优美、整洁的外部表现,保持规律、有序的生活习惯,养成时刻展现自身魅力的大将风度,时刻注意自身的言行,为维护体操队和自身的冠军形象,做到胜不骄、败不馁,具有顽强的训练作风和大度、宽广的胸怀。中国乒乓球队则强调"输球不输人"、"打出风格、打出水平"、"清醒冷静"、"不骄不躁"、"宠辱不惊",坚持做到"战绩辉煌却不自夸,尖子辈出却不自诩"的大将风度。刘国梁在一次国内比赛中输了球发脾气,把球拍摔到球台上,蔡振华在会上对他这种输不起球、有损中国乒乓球队形象的做法毫不留情地进行了严厉批评,使刘国梁痛哭流涕,还被停训半天,闭门思过。1988 年邓亚萍在参加亚洲杯女单决赛最后关头,对手打了一个擦边球,裁判判为出界,她默认了误判并随之获胜。事后,教练员严厉地批评了她,指出作为一名优秀的运动员一定要做到"赢就赢得光彩,输也输得大度",要求她向对手、也是队友的李惠芬赔礼道歉,从此之后她记住并做到了教练员的教诲。

2. 忘掉荣誉,从零开始/从胜利中找不足,居安思危

如何对待成绩和荣誉,在辉煌荣誉面前如何保持好艰苦奋斗的优良传统,更是高水平运动队面临的一大考验。解决这一问题的有效手段就是要建立起这样的规范,让运动员在荣誉面前做到"忘掉荣誉,从零开始"、"从胜利中找不足,居安思危"。20 世纪 60 年代,当中国乒乓球队从第 28 届世乒赛夺得 5 项冠军胜利归来后,就提出了"从零开始"的响亮口号。王楠虽然在第 27 届奥运会夺得两枚金牌,但在总结会上主要总结的是与新加坡李佳薇一战险遭淘汰的教训;中国体操队在备战 2000 年悉尼奥运会期间提出的口号是"团体金牌不是保来的,而是拼来的",要使运动员明白无论以前取得过怎样的成绩,具有多强的实力,都要时刻

把自己与对手放在同一起跑线上，多找自己的不足，发现对手的优势，做到居安思危。

3. 从大处着眼，从小事做起

“从大处着眼，从小事做起”就是我们通常所讲的在战略上要藐视敌人，要充分相信自己的实力，要具有横扫千军的大无畏气势，但在战术上要重视敌人，不但要全力以赴投入训练，确保训练的万无一失，而且对运动员心理变化要细致了解，对训练安排中的任何细小之事都要常抓不懈。中国体操队总教练黄玉斌说过：“针对大赛前的训练来不得半点马虎，任何一点的麻痹大意都会造成无法挽回的损失”。中国体操队为夺取2000年悉尼奥运会男子团体金牌，在大赛前从运动员的伤风感冒到室温的调控、从运动员的心理变化到情绪控制、从运动员的营养供给到练后恢复、从运动员对比赛场地的适应到备用护撑的准备等没有一件事被遗漏。这一工作作风长期坚持已形成了中国体操队的传统，也成了中国体操队文化的重要内容。

4. 轻伤不下火线/钢铁是怎样炼成的

“轻伤不下火线”的感人事迹在中国体操队等高水平运动队处处可见。20世纪80年代，中国体操名将李月久在一次世界大赛中，在进行双杠比赛时不慎磕在杠面上满嘴流血，但他毫不畏惧，强忍疼痛顺利完成了整套动作，赢得了全场掌声。1.31米的中国体操女运动员白春月曾用略显幼稚的语言说道：“教练经常把我练得半死不活，在体操房里受的苦只有自己心里才明白。但我知道，只有吃完这些苦，我的前途才会变得光明。”中国乒乓名将孔令辉在多年的征战中一直与肩伤病进行着较量，肩伤一旦发作，肩部就会整个肿起来，由于要参加连续不断的比赛，无法通过系统的经常性按摩和牵引进行恢复，只能带伤进行比赛。在比赛中一次次的伤痛考验着孔令辉的意志，而他也正是靠着在中国乒乓球队练就的超人毅力和过硬的训练作风，才一次次地战胜了伤痛，走向了运动的巅峰。中国乒乓球队在第46届世乒赛与韩国队的男团半决赛中，刘国正在第一局失利、第二局和第三局比分落后的情况下,反败为胜。在这场被誉为"世纪之战"、"经典之战"的比赛中,刘国正在7次只要输一球中国队即失利的紧要关头,凭借着顽强的作风和高昂的斗志,临危不惧,力挽狂澜,创造了奇迹。中国体操队总教练黄玉斌在训练中也经常提醒运动员"钢铁是怎样炼成的"、"不吃苦中苦,难做人上人"。总的说来,高水平运动队在炼就运动员具备"钢一般的意志、铁一般的精神"的训练作风的同时,为运动队文化增添了浓重一笔。

总之,良好的群体规范与队风已成为高水平运动队文化的重要内容,特别是那些没有明文规定的、约定俗成的非正式规范更体现了高水平运动队独特的文化特点。

(四)强烈的团队精神

高水平运动队的竞训工作是由运动员、教练员、医务、管理、科研及后勤等来自不同专业、不同部门的人员共同参与完成的。在这样的群体中,要做到步调一致的行动,就必须要求所有人员树立起团结协作、齐心协力、共同为实现运动队目标而奋斗的团队精神。

1. 个人服从于团队,一切行动听指挥

在高水平运动队,要体现团队精神的文化内涵,就要求团队成员,特别是运动员首先要做到"个人服从于集体,一切行动听指挥",对于这一条没有成文的规定,无论是谁,无一例外,必须执行。这是体现高水平运动队团队精神的基础和根本保障,只有在此前提之下,才能使正确的决策内容得到有效的贯彻和彻底的执行,才能使运动员做到以集体和国家的利益、荣誉为先,才能避免运动员之间为个人利益产生恶性竞争。

2. 以团队获胜为己任/协作竞争,双赢模式

"以团队获胜为己任"就要大力倡导运动队的团队建设,培养运动员的团队意识和协作精神。在中国乒乓球队、中国体操队文化当中最为突出的一点就是重视团体成绩、团体成绩的取得优先于单项成绩,这也是一条不成文的规定。一方面,团体成绩代表着一个运动队的整体实力,可以给对手在心理上造成一种无形的

压力。在国际乒坛的赛场上,曾经有国外运动员这样说过:“与中国队比赛,总感觉面对的不是一个中国选手,而是一个中国集体。”在大多数国际比赛中,中国代表队阵容强大,技术水平整齐,整体实力突出,即使某一运动员在比赛中出现失误,也会由其他选手弥补,在关键时刻起到力挽狂澜的作用。另一方面,灌输运动员以团队获胜为己任的思想,可以有效强化运动员的爱国主义和集体主义精神,增强运动队的凝聚力,有利于运动队的管理。

当前,在高水平运动队团队精神的内容中,非常重视运动员的协作与竞争型人际关系的建立,以实现运动队与运动员个人的双赢局面。高水平运动队为培养运动员的进取心,鼓励和倡导运动员之间的竞争,但是这种竞争绝不是无限度的,必须以运动员之间的协作为前提。运动员之间加强协作既是为了团队的利益,同时也是为了他们自己;倡导竞争既是为自己,同时也是为团队,运动员之间的协作与竞争并不矛盾。大力倡导“协作竞争,实现双赢”已成为当前高水平运动队强化团队精神的新理念。

3. 集思广益,发扬民主

在中国乒乓球队、中国体操队等高水平运动队历届大赛中取得辉煌成绩的背后,我们发现:任何一项重大决策,都不是某一个人冥思苦想出来的,它体现的是一种集体智慧的结晶。中国体操队对待每一项重大决策,都会充分发扬民主,通过反复讨论和充分考虑各种可能,集各方的意见为一体,充分发挥集体的力量和智慧。中国乒乓球队在国际乒坛的赛场上,总是以强大的团队风貌出现,表现出来的是一种强大的群体力量。曾经几次听到中国乒乓球界的领军人物这么说过,不要以为中国队有多大的技术优势,不少赛事我们都是“死里逃生”。我们的优势更多地表现在充分发挥集体的智慧和力量,表现在训练中的精心打磨和竞赛中的严密策划,如果在这一方面稍有疏忽,中国队的地位就有可能动

摇①。"集思广益,发扬民主"不仅可以最大限度地保障决策的正确性、有效性和实用性,把决策的失误降到最低限度,保证训练和比赛工作按照正确的方向进行,而且还可以确保运动员在比赛中有更大的胜算概率。

总之,在高水平运动队,引导和鼓励运动员服从集体安排、加强协作与竞争、倡导团队理念、发挥团队力量,教育运动员要具有默默无闻为集体荣誉无私奉献的精神,已成为高水平运动队团队精神文化内涵的重要组成部分。

(五)"以人为本"的管理模式

"以人为本"遵循的是"人本"原理,何钟秀在《现代管理学》一书中认为,"人本"原理揭示的是,一切管理工作的根本问题是要做好人的工作,即提高每个人的素质,规范每个人的行为,调动每个人的积极性,发挥每个人的创造精神②。管理者是人,起着主导作用,被管理者也是人,起着主体作用。管理将是以人为核心,以人的积极性为动力。人是生产力诸要素中最革命、最活跃的因素。现代管理把人放在第一位,重视发挥人的自觉性和自我实现精神,这是管理思想上的巨大进步。

在运动训练管理中,运动员是训练的主体,他们的价值观念构成了运动队文化的核心和基石。因此,运动队文化必须遵循"人本"原理,以运动员为核心,以调动运动员的积极性、创造性为根本,必须从运动员的角度出发来协调运动员之间、运动员与教练员及领导人员之间的运动队内部关系,从夺冠排他性的角度确立精诚团结、一致对外的外部关系。运动队文化如果脱离了"以人为本"这个中心原则,也就失去了存在的价值。高水平运动队的"以人为本"管理模式,主要就是运用"以人为本"的管理理念,协调好运动队管理活动中的各种关系,如个人利益与国家利益之

---

① 谢琼恒,等.星光为何这般灿烂——为中国乒乓球队成立50周年[M].北京:人民体育出版社,1997.

② 何钟秀.现代管理学[M].杭州:浙江教育出版社,1998.

间的关系、严酷的训练管理与师徒之间情感交流的关系、提倡协作精神与鼓励竞争之间的关系、尖子队员与一般队员管理之间的关系等。

1. 真情投入，建“运动员之家”

我们知道，高水平运动队的训练是非常残酷的，运动员要在世界赛场上摘金夺银，不付出超常的代价、接受“魔鬼”式的训练，是根本办不到的。在训练中，教练员与运动员是一对冤家，教练员训练上的无情要求往往会使运动员难以接受，容易在心理上形成对立情绪，影响教练员与运动员之间的关系。为使运动员既能忍受残酷的训练要求，又能从情感上与教练员进行交流、交换意见，中国体操队大打“运动员之家”之王牌：首先，把体操队作为运动员的“大家”，使运动员感觉到进入体操队就像回到自己的家。体操队的领导、教练员自比运动员的亲生父母，在生活上无微不至地关怀、爱护运动员，中国体操队就是个温馨和睦的大家庭。其次，把教练员与运动员组成的小组作为“小家”，每个教练在弟子面前都扮演着严师、父母和朋友的三重角色，到了节假日，你如果问队员们有什么活动，百分之九十的回答都是“到教练家看电视”，“同教练一起包饺子”。原中国体操队领队钱奎同志曾经说过：“在中国体操队，我们就是这些孩子的父母，世界上有哪个父母不疼爱自己的孩子？帮助孩子全面成材，让他们艺高德更馨，让他们在体操之外也是事业和生活的强者，才是教练们的最大愿望。”总之，“真情投入，建运动员之家”就是要在严酷的训练环境中，使教练员与运动员、运动员与运动员之间保持融洽的情感交往，借助于“大家”和“小家”的建立，把情义、诚实、正直、互助、尊师爱友等优良品德，融入运动员的思想。以充满人情味的“运动员之家”作为中介，教练员可以与运动员加深交流、增进理解，准确把握运动员的心理和思想变化，适时满足运动员的不同需要，实施“以人为本”的管理。

2. 育德于技之中，倡为人之道

前国家体育总局体操运动管理中心主任张健曾经说过：“没

有高尚的道德品质,即使有出色的身体条件和良好的技术基础,也不可能达到竞技体育的顶峰。”中国体操队历来重视在运动员技术水平提高同时的德育教育。许多到中国体操队参观的人都惊讶孩子们太懂礼貌了:有什么事,他们肯定会请示教练;教练每次指导完,队员都要恭敬地鞠躬;孩子们对每位参观者都要热情地打招呼:“叔叔好!阿姨好!”。中国体操队不仅教育运动员在日常的训练、生活中如此,而且在比赛中对对手和裁判更要如此。奥运会冠军刘璇曾在自己的思想汇报中写到:在赛场上,裁判是非常刻薄的,但如果运动员的自我要求超过裁判的刻薄,就不会认为裁判在找茬儿了。世界冠军肖俊峰因种种原因没能参加1999年天津世锦赛,但他并没有为此抱怨,而是更加努力为入选奥运会主力阵容而努力,他说:“我感觉自己站在了悬崖边上,已经没有了退路,我必须吃常人所吃不了的苦,才能实现自己的理想。”训练局文化学校的老师们也证明体操队的孩子们的确是德才兼备。一位老师曾激动地告诉体操中心的领导,他在课堂上问了这么个问题:如果在街上碰到别人的生命财产受到威胁,你该怎么做?体操队的孩子们毫不犹豫地表示“一定会见义勇为”!中国体操队对运动员的德育教育内容,不仅要求运动员要讲道德和懂为人之道,而且还要求运动员要讲政治、讲思想进步。“火线入党”是中国体操队对运动员进行政治思想管理的经典之作,许多著名的体操运动员都是在大赛前经过“火线入党”的庄严宣誓走向赛场的,比如参加1996年奥运会的李小双和黄力平、参加2000年奥运会的郑李辉等都是作为一个年轻的新共产党员走向赛场的。这些感人的事例充分说明,高水平运动队“以人为本”的管理模式,不仅是要以运动员为核心提高其技艺,还要以运动员为核心提高其德育水平,使其懂得为人之道、讲政治思想进步,以培养德才兼备的世界冠军。

3. 抓尖子,促管理

“以人为本”的管理模式中的能级原则强调管理要分层次,对于不同层次的人员要给予不同的权力、物质利益和精神荣誉。在高水平运动队，尖子队员与一般队员的待遇、利益分配和荣誉奖励是存在着明显不同的，这符合按劳分配的原则，无可争议。但问题是一旦这些尖子队员与一般队员一样违犯了队纪队规，是否也因为他们的贡献大而享有从轻处理的“特权”？高水平运动队的成功经验告诉我们，只有严格抓好管好尖子队员，才能对运动队实施有效的管理。许多管理失败的例子表明，教练员对尖子队员不敢放开手脚大胆管理是最致命的，这种怕得罪尖子队员的做法不仅会使运动员为所欲为，而且更不利于其他队员的管理。中国体操队、乒乓球队、射击队等高水平运动队之所以能做到长年治队有方、管理有术，问题的关键就在于他们敢于对尖子队员、世界冠军进行严格的管理。实践证明，也只有抓好尖子运动员，特别是对触犯队纪队规的尖子队员、世界冠军做到严惩不贷，才能对其他运动员形成威慑，使运动队的管理事半功倍。2000 年悉尼奥运会前，中国体操队一位世界和奥运会双料冠军训练不够认真，不注意生活小节，违犯了队规，给全队造成了很坏影响，为严明大赛前的队纪队规，体操队做出了令其暂时离队的决定。中国射击队对名运动员不仅敢于管理，而且讲究工作方法，创造性地开展思想政治工作。曾经有一位奥运会冠军，因为不能正确对待荣誉和婚姻中的挫折，人生观、价值观出现偏差，成绩滑坡。根据实际情况，射击队首先向其所在省体工大队通报了情况，并请来了省主管领导和原教练，共同对这位冠军出现的问题进行深刻剖析，并一针见血地指出问题的根源。经多方面的批评教育，这位奥运冠军深刻认识到了自己的错误，并写出了深刻的检讨，对自己出现的问题做了自我批评，并下决心改正错误，用高标准严格要求自己，再立新功。在中国乒乓球队这样的例子就更多了，国际乒坛名将马文革、刘国梁、邓亚萍、杨影及中国乒坛的希望之星张一宁等都受到过教练员严厉公开的批评。这些高水平运动队敢于碰硬的举措，对全队都产生了极大的震动，使世界冠军们受到了深刻教育，有力地促进了运动队管理工作的进行。高水平运动队敢于对尖子队员、世界冠军过硬的管理方式，作为“以人为

本”的管理手段之一，已深深地融入了高水平运动队文化之中，并在高水平运动队的管理中发挥着巨大的作用。

4.树立团队的“精神权威、灵魂人物”

世界著名的日本松下电器公司的创始人，松下先生曾说过这样一句话：“权威可以说服人”①。我们知道，竞技运动是最能造就英雄人物的职业，世界冠军、奥运会冠军式的英雄人物对运动员来讲是最具诱惑性的角色。而能够造就大批世界冠军、奥运会冠军式英雄人物的教练员也就最受运动员的敬佩、尊重和信服，他们就是整个队伍的“精神权威、灵魂人物”。“精神权威、灵魂人物”最具榜样作用，他们曾经拥有的辉煌成绩和与运动队同呼吸、同成长、同发展、共命运的坎坷经历，加上多年来经受无数次胜利与失败考验所积累起的丰富经验，对运动员最具说服力，他们的言行就是运动员极力遵循的行为标准。俗话说“榜样的力量是无穷的”。在高水平运动队，“精神权威、灵魂人物”的一句话可以十倍于甚至百倍于常人的说教，因此，他们的言行对于运动队的管理起着举足轻重的作用。中国诸多高水平运动队都有着这样一些具有权威性的领军人物，如体操队的张健、高健、黄玉斌，乒乓球队的徐寅生、李富荣、蔡振华，射击队的许海峰，羽毛球队的李永波，跳水队的周继红等，他们的敬业、实干，敢于拼搏、勇于冒险的精神首屈一指，他们不但曾经是身经百战的勇者，更是带兵打仗、善于用兵的智者和勤于管理的能者。因此，努力树立能够统领全军的“精神权威、灵魂人物”是高水平运动队文化中“以人为本”进行管理的特有方式。

总之，运动员的主体意识和价值观是高水平运动队文化的核心和基石。在此基础上确定的世界冠军奋斗目标、良好的群体规范、强烈的团队精神和“以人为本”的管理模式则构成了高水平运动队文化的内容体系（见图22）。这些内容从全方位对高水平运

① 崔会保，等.日本松下公司企业文化的几点启示[J].科学管理研究，2001(2).

动队优异成绩的取得产生着持续性影响并发挥着巨大的作用。

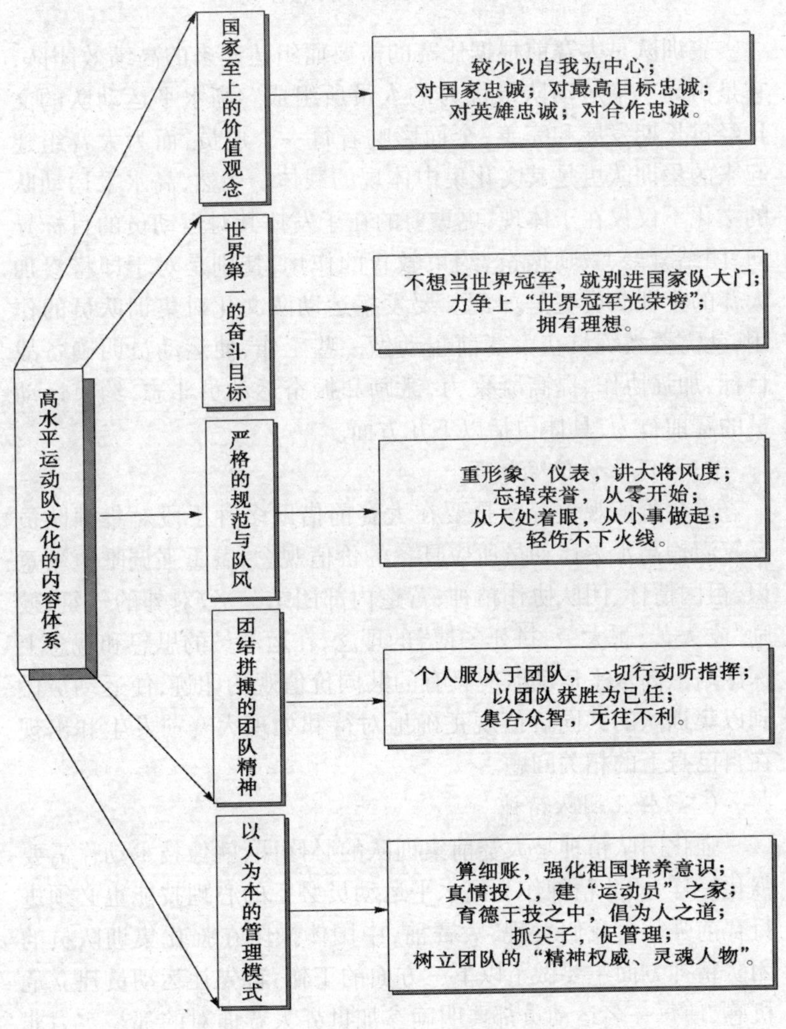

图 22　优秀运动队文化的内容体系

三、充分发挥运动队文化对集训队的作用

集训队是大赛前根据比赛的需要而组建起来的高绩效团队，它是由高水平运动队最优秀的人员所组成。高水平运动队的文化经过长期发展和完善，全面影响着每一个成员，而为大赛组建起来的集训队更是其文化集中体现的载体。当然，高水平运动队的文化不仅仅在于体现，更重要的在于发挥其对运动员的目标导向、团结凝聚、激励振奋、约束教育的作用，特别是对于即将参加大赛的集训队员更是如此。要发挥运动队文化对集训队员的作用，就需要教练员在大赛前主动做一些工作，使运动员明确备战目标，加强协作、提高凝聚力，激励和振奋运动员斗志，约束运动员的赛前行为，具体包括以下几方面。

（一）深化价值观教育

深化价值观教育就是要在大赛前借助多种手段对集训队员反复灌输高水平运动员所应具备的价值观念，着重强调唯冠军意识、祖国情怀、团队协作精神；营造内部团结，一致对外的气氛；鼓励“吃大苦，耐大劳，拼死一搏”的理念，在运动员的思想和观念上深深烙上高水平运动队应具有的共同价值观的印迹，使运动员做到以集训队的共同价值观正确地对待和处理大赛前发生和出现在自己身上的相关问题。

（二）强化团队精神

强化团队精神是大赛前集训队的必修课，就像技术动作需要强化一样，团队精神作为高水平运动员必备的心理技能也必须进行赛前强化。我们发现，大赛前，中国体操队在强化集训队员的团队精神方面主要做了以下三方面的工作：首先让运动员建立危机感，使每一名运动员都要明确参加世界大赛面对的都是实力非凡的对手，靠单打独斗是无法取得胜利的，所有运动员必须紧密团结在一起，形成合力，靠集体的智慧和力量才能在强手如云的国际赛场上夺取世界冠军。其次，重视团队成绩。我们都知道团体比赛需要运动员强弱互补、密切协作和配合、运用战术以巧取

胜。在团体比赛中,关于运动员出场与否、出场的项目、出场顺序的排定都是教练员经过周密考虑各种因素决定的,在执行教练员的决定时,运动员必须一切行动听指挥。最后,要进行“个人集体化”教育。“个人集体化”就是指每一名集训队员个体已不属于你自己,而是属于集训队这个集体,大赛前的任何想法、行为都要站在集体的角度仔细思量。大赛前,任何运动员存在的问题都是整个集训队的问题,其他运动员有责任和义务协助解决,对于自私自利、只顾自己的行为,必须受到严厉惩罚。通过以上三方面的工作,中国体操队有效强化了大赛前集训队的团队精神,使集训队在每次大赛中都表现出了强大的凝聚力。

(三)严明纪律

严明纪律就是要严格贯彻和执行群体规范,特别是在大赛前要肯花力气把那些明文规定的和约定俗成的制度条例、法律法规及“形象仪表”、“从小事做起”、“轻伤不下火线”等群体规范落到实处,要从出操列队、请假制度、饮食就寝、个人外出等小事抓起。中国体操队在大赛前就集训队员外出驾驶、私自外出必须向教练员请示、未经同意不得擅自行动等进行了严格规定。运动员即使有伤病,未经教练员同意也必须准时到训练馆报到,不允许自作主张不参加训练。此外,特别限定了外宾参观、新闻媒体的采访,教练员、运动员要接受媒体采访必须经过体操管理中心的批准,在规定的时间进行。教练员与运动员一视同仁,绝不能搞特殊。所有这些措施都很好地保证了群体规范的贯彻和执行,有效地发挥了运动队文化对运动员的约束作用。

(四)优化训练作风

我们知道,运动员训练作风的培养是一项长期的工作,不能仅仅凭借大赛前的训练一蹴而就。但是作为集训队员,他们经过多年的磨炼,基本上具备了顽强的训练作风,大赛前的优化在于进一步强调训练作风对运动员的重要性,要让运动员对比赛的困难有足够的估计,并做好充分的思想准备,特别是对比赛中出现失误、比分落后或出现裁判压分的情况下,如何做到摆正心态,正视困难,继续奋力拼搏,这正是大赛前优化训练作风需要解决的关键问题。中国体操队大赛前优化运动员训练作风的主要手段就是在运动员情绪不稳定、动作出现多次失误、身体状况不佳、提不起劲、有外界干扰和对环境器械不适应的情况下进行的。中国体操队总教练黄玉斌曾经说过:“训练作风就是在运动员不得劲,遇到困难的时候才管用。”因此,每当运动员最难受的时候,教练员总会提高训练的要求,迫使运动员在克服困难的情况下完成训练任务,这一方式就是中国体操队大赛前优化运动员训练作风的最有效手段。

(五)激发训练斗志

激发训练斗志就是大赛前要调动起运动员的训练积极性,唤起运动员的训练热情、加大训练投入。大赛前的训练,是在一种非常环境、非常气氛、充满着压力和紧张感的氛围中进行的。我们知道,大赛前的训练是异常艰苦的,运动员付出的努力是巨大的,无论是生理、心理都要承受超常的压力。在这一状态下,缺乏训练斗志的运动员是无法适应大赛前的超负荷训练安排的。因此,发挥高水平运动队文化的激励振奋作用,激发运动员具有高昂的训练斗志就成为大赛前教练员训练工作中的一项重要内容。大赛前激发运动员训练斗志的手段可以是物质上的、精神上的,也可以是训练手段上的,只要是对运动员有刺激,运动员有兴趣、能产生好奇感、愿意去尝试、能引起情绪剧烈变化的手段都可以运用到训练中来调动运动员的训练积极性。

综上所述,高水平运动队文化可以直接影响运动员的价值观形成,可以强化团队精神、加强团队规范的建立、促成团队成员目标与团队目标保持一致,并可使运动员在大赛前形成高昂的战斗力。运动队的文化为运动员指明了哪些行为是可以接受的、哪些行为是不可以接受的、哪些行为会使自己遇到麻烦、哪些则没多大的关系,它也使运动员明确了在训练中必须踏踏实实、在交往中必须诚实正直。可以说,文化为高水平运动队提供了一个严格引导和约束运动员行为的规范,这对于一个担负着艰巨任务、时刻都面临着巨大压力和激励竞争的高水平运动队来讲，借助于运动队文化的引导和约束作用，培养出作风过硬、技术水平高超、思想高度统一、行为协调一致的训练有素的优秀运动员群体是十分必要的。总之，运动队文化可以约束和引导高水平运动队运动员的行为，使其指向有利于组织目标实现的方向。缺乏文化的运动队，就会使运动员缺乏约束力、自制力和统一的行为标准，其结果必然会引起管理的涣散、运动员成绩的下降。因此，充分发挥运动队文化对运动员的引导和约束作用，通过深化价值观教育、强化团队精神、严明纪律性、强化训练作风和激发训练斗志的手段对集训队员进行赛前引导和约束，将有利于教练员对运动员训练行为的有效控制，保障集训队大赛目标的圆满完成。

第十三章　结论

通过前面的讨论,我们可以得到以下结论:

1. 高水平运动员训练行为的控制是大赛前训练控制的重要方面,也是现代运动训练学的重要组成部分。

2. 从组织行为学视角考虑,对大赛前高水平运动员的训练行为控制应从运动员个体、集训队群体和运动队文化三个层面进行。

3. 从运动员个体层面的控制,主要是根据高水平运动员的个性心理特征进行压力控制和实施有效的赛前激励。

4. 大赛前的压力控制可借助于制造紧张气氛、设置逐级上升的训练目标、提出“步步紧逼”的训练要求等营造压力环境,并通过专项能力的提高、承担“角色”的正确认知、寻求社会支持等方面提高运动员的抗压能力。

5. 遵循及时满足需要、物质与精神奖励互补、针对个性和即时激励等原则,并合理确定训练目标、严格设计训练过程、准确评估运动员的训练绩效、及时修正不正确的行为,同时,充分注意运动员的个性特点是实施有效赛前激励的重要方面。

6. 从集训队群体层面控制运动员的训练行为,要以塑造高绩效集训队为核心,努力营造竞争与合作的良好人际关系、增强凝聚力、合理控制运动员的角色过程、发挥群体规范的约束力并形成权威的领导,保证决策的正确。

7. 竞争与合作是高水平运动员之间的人际特点。大赛前,要以团队精神教育运动员,强化运动员个体目标的相关性,建立起个体和集体“双赢”的机制。

8. 要通过形成高标准的群体规范、树立危机感、保持团队内的高度一致性和建立合理的内部奖励机制来增强集训队的凝聚力。

9. 优秀运动员扮演的是指定角色，必须引导运动员正确地认知角色，消除角色模糊和避免角色冲突，合理控制运动员的多功能角色过程。

10. 要充分发挥群体规范对集训队的约束作用，需抓好舆论导向、树立模范榜样、严格执行规范并进行典型教育。

11. 绝对的权威性是集训队领导构成的最大特点。身为集训队的领导，必须具备丰富的专业阅历和实战经验，要具有强烈的团队意识、超人的胆略和勇往直前的气魄，并勇于承担责任。

12. 充分发挥集体的智慧和力量是集训队领导决策的最大特点。领导必须树立为夺取世界冠军而决策的理念、“强者相遇，智者胜”的信念，要努力强化决策中的创新精神和风险意识，要具有特有的预见性和博弈意识，形成民主决策氛围，发挥集团决策优势。

13. 运动队组织文化已成为中国高水平运动队克敌制胜的核心竞争力。

14. 高水平运动队文化的内容包括：“较少的以自我为中心，对国家忠诚、对最高目标忠诚、对英雄忠诚、对合作忠诚”的价值观；确定的奋斗目标——世界冠军；严格的运动队规范与队风；团结拼搏的团队精神和“以人为本”的管理模式五个方面。

15. 大赛前，应充分发挥运动队文化的作用，这就要深化价值观教育、强化团队精神、严明纪律、优化训练作风和激发训练斗志，以引导和约束运动员的训练行为朝着有利于训练目标的方向奋斗。

参考文献

[1]杨毅,王秉彝.体育科学研究应用数学方法的思考[J].体育科学,1988(1).

[2]黄柏龄,季浏.篮球队中的人际关系与管理[J].上海体育学院学报,1988(2).

[3][美]莱维特.现代管理心理学——论组织中的个体、同事和团体[M].刘纯,译.上海:上海翻译出版公司,1988.

[4]马克思,恩格斯.马克思恩格斯选集(第4卷)[M].北京:人民出版社,1989.

[5]林呈生.如何建立一个和睦相处的运动队[J].福建体育科技,1989(3).

[6]任未多.运动员赛前心理衰竭成因探讨[J].福建体育科技,1989(3).

[7][日]青木邦男.影响高中运动员继续参加或退出运动队活动的因素[J].体育学研究,1989,34(1).

[8]张冠宇,等.运动员心理与激励艺术略论[J].江苏体育与科学,1990(4).

[9]魏纯镭,杨新海.试论运动队的心理管理[J].浙江体育科学,1991(2).

[10]林建彬.试析体育教学中的心理激励[J].福建体育科技,1991(3).

[11]张立.我国优秀女子排球队凝聚力的研究[J].中国体育科技,1991(3).

[12]陈宝祥.运动负荷的控制综述[J].体育科研,1991(3).

[13]马特维耶夫.体育理论与方法[M].北京:人民体育出版社,1991.

[14]高健,等.竞技体操教练员训练指南[M].北京:人民体育出版社,1992.

[15]刘文浩,等.对运动技能形成过程的控制研究[J].体育研究,1992(4).

[16]张力为,等.运动动机的培养和激发[J].山西体育科技,1993(1).

[17]何桂麟.体操运动心理学[M].武汉:武汉体院学报专辑出版,1993.

[18]苏洁.论短跑训练中的最大力量训练与快速力量训练[J].解放军体育学院学报,1994(4).

[19]孙海平,等.陈雁浩、张峰大赛前的训练控制研究[J].体育科研,1994(4).

[20]周茗.高校跳远运动员指标预测模型的设计及其训练控制[J].山东体育科技,1994(5).

[21]叶奕乾.个性心理学[M].北京:高等教育出版社,1994.

[22]任未多.应激紧张状态下某些认知机能的变化[J].体育科学,1995(3).

[23]吴延禧.我国跳台跳水优秀选手起跳技术的生物力学研究[J].体育科学,1995(4).

[24]邵斌.男子跳马"踺子转体180°前手翻"类动作纵转180°技术分析[J].上海体育学院学报,1995(6).

[25]张忠秋.运动群体凝聚力主要表现特征与培养方式探讨[J].体育科学,1996(3).

[26]卢德明.我国高水平手枪慢射运动员瞄准技术的生物力学研究[J].成都体育学院学报,1996(4).

[27]李维.心理学百科全书[M].杭州:浙江教育出版社,1995.

[28]姚家新.体育运动中激励的工具之一——目标设置的研

究及应用[J].体育科学,1997(2).

[29]罗普磷,琳琦.运动训练控制管理系统的初步研究——田径径赛项目"计算训练法"的设计[J].西安体育学院学报,1997(2).

[30]蔡芳川.反馈原理在体操教学训练中的运用[J].中国体育科技,1997(3).

[31]肖红征.武术套路项目训练过程的优化控制[J].体育函授通讯,1997(5).

[32]董建国,等.体操运动员赛前行为控制研究[R].第五届体育科学大会专题报告,1997.

[33][美]潘威廉.组织行为学[M].林擎国,等,译.南昌:江西人民出版社,1997.

[34]边一民,等.组织行为学[M].杭州:浙江大学出版社,1998.

[35]吴增基,等.现代社会学[M].上海:上海人民出版社,1998.

[36]钱奎.团结的集体、力量的源泉[J].体育文史,1999(2).

[37]李玉宁.篮球远投技术训练系统的程序控制[J].体育科技,1999(2).

[38]刘淑慧,张恒,黄小丁,等.26届奥运会提高射手比赛发挥能力的综合性心理建设研究[J].北京体育师范学院学报,2000(1).

[39]孙庆祝.赛艇运动员竞技能力诊断评价和控制训练决策支持系统的研制与开发[J].山东体育学院学报,2000(2).

[40]陈兴国.关于"九五"期间中小学校长培训的思考[J].枣庄师专学报,2000(2).

[41]体育院校通用教材编写小组.运动训练学[M].北京:人民体育出版社,2000.

[42][美]斯蒂芬.P.罗宾斯.组织行为学[M].北京:中国人民大学出版社,2000.

[43] 袁坤. 哈佛人才管理学[M]. 北京:中国三峡出版社, 2000.

[44]李剑锋. 组织行为管理[M]. 北京:中国人民大学出版社,2000.

[45]张力为. 体育运动心理学研究进展[M]. 北京:高等教育出版社,2000.

[46]崔会保,等. 日本松下公司企业文化的几点启示[J]. 科学管理研究,2001(2).

[47]李宝生. 论企业团队与团队精神建设[J]. 工业企业管理,2001(9).

[48]于显洋. 组织社会学[M]. 北京:中国人民大学出版社,2001.

[49]王鼎华,吴焕群,等. 乒乓长盛考[M]. 北京:人民体育出版社,2001.

[50]关淑润. 现代人力资源管理与组织行为[M]. 北京:对外经济贸易大学出版社,2001.

[51]D. 赫尔雷格尔,J. W. 斯洛克姆,R. W. 伍德曼. 组织行为学[M]. 俞文钊,译. 上海:华东师范大学出版社,2001.

[52]毕鹏程,等. 群体决策过程中的群体思维研究[J]. 管理科学学报,2002(1).

[53]王文. 企业文化发展趋势及应对措施[J]. 郑州航空工业管理学院学报,2002(1).

[54]刘钧演,等. 当前青年面临的压力及其应对方式[J]. 广东青年干部学院学报,2002(2).

[55]鲍远通,等. 高校贫困生的精神压力剖析及减轻途径[J]. 承德石油高等专科学校学报,2002(2).

[56]程葵. 大学生的心理压力状况分析及对策[J]. 贵州民族学院学报(哲学社会科学版),2002(2).

[57]邵斌,等. 高水平体操运动员个性特点研究[J]. 上海体育学院学报,2002(3).

[58]张勇.中小学教师工作压力管理策略[J].现代中小学教育,2002(4).

[59]孟凡驰.企业文化本质、特征、透视及未来展望[J].企业文化,2002(4).

[60]肖余春.自我管理团队及其在企业中的应用[J].中国管理科学,2002(6).

[61]黄玉斌.体操新概念——高水平运动员训练行为控制研究[M].北京:人民体育出版社,2002.

[62]肖峰.企业文化[M].北京:中国纺织出版社,2002.

[63]郑晓明.组织行为学[M].北京:经济科学出版社,2002.

[64]曾永忠.体育运动情境再归因训练心理和行为效应研究综述[J]. 体育学刊,2004(2).

[65]毛永.关于创建运动训练行为学的理论探索[J]. 成都体育学院学报,2004(4).

[66]程毅.体育教学情境再归因训练研究:积极运动情绪体验、体育锻炼行为坚持性与再归因训练[J]. 广州体育学院学报,2005(4).

[67]夏力,熊焰. 目前运动训练理论热点问题研究述评[J].山东体育学院学报,2009(11).

[68][美]F.赫茨伯格.双因素理论[M].北京:中国人民大学出版社,2009.

[69]唐玉成,吴卅. 对运动训练规律的探讨[J].体育文化导刊,2010(10).

[70]Howlett B A. Incentive motivation[J]. coach clin[英]. 1990. -29(4).

[71]Seevers S M. A long term motivation proguam for hihg school athletic reams[J]. coach clin[英]1989. -(5).

[72]Kamal F. Extrinsic and Intrinsic Motivation in Age Group Swimmers[J]. Int Phy Edu(DE) - 1989. -26(2).

[73]Aldag R J, Fuller S R. Beyond fiasco. A reappraisal of the

groupthink phenomenon and a new model of group decision processes [J]. Psychological bulletin. 1993. 113.

[74]Whyte G. Groupthink reconsidered[J]. Academy of Management Review. 1989. 4.

[75]R. Beyond fiasco. A reappraisal of the groupthink phenomenon and a new model of group decision processes[J]. Psychological bulletin. 1993. 113.

[76]Sams D. Developing a workable coach - player relationship [J]. Coach Clin[英]. 1990. -27(8).

[77]Summers J J, Ford S K. The test of attentional and interpersomal style: an evaluation [J]. Int J Sport Psychol. [英] 1990. -21(2).

[78]Polster h. Emotionen in sportlichen handeln[J]. Theor prax Koerperkult[德]. 1988. -37(5).

图书在版编目(CIP)数据

优秀运动员训练行为控制理论研究／叶毅著．—成都：西南财经大学出版社，2011.4
ISBN 978-7-5504-0224-9

Ⅰ.①优… Ⅱ.①叶… Ⅲ.①优秀运动员—运动训练—行为控制—研究 Ⅳ.①G808.1

中国版本图书馆 CIP 数据核字(2011)第 046136 号

优秀运动员训练行为控制理论研究

叶 毅 著

责任编辑：李永福
封面设计：杨红鹰
责任印制：封俊川

出版发行	西南财经大学出版社(四川省成都市光华村街 55 号)
网　址	http://www.bookcj.com
电子邮件	bookcj@foxmail.com
邮政编码	610074
电　话	028-87353785　87352368
印　刷	郫县犀浦印刷厂
成品尺寸	148mm×210mm
印　张	6.625
字　数	175 千字
版　次	2011 年 4 月第 1 版
印　次	2011 年 4 月第 1 次印刷
书　号	ISBN 978-7-5504-0224-9
定　价	19.80 元